Klasse 2-4

Sabrina Hinrichs

Ritter und Burgen

Das Mittelalter in Rätseln

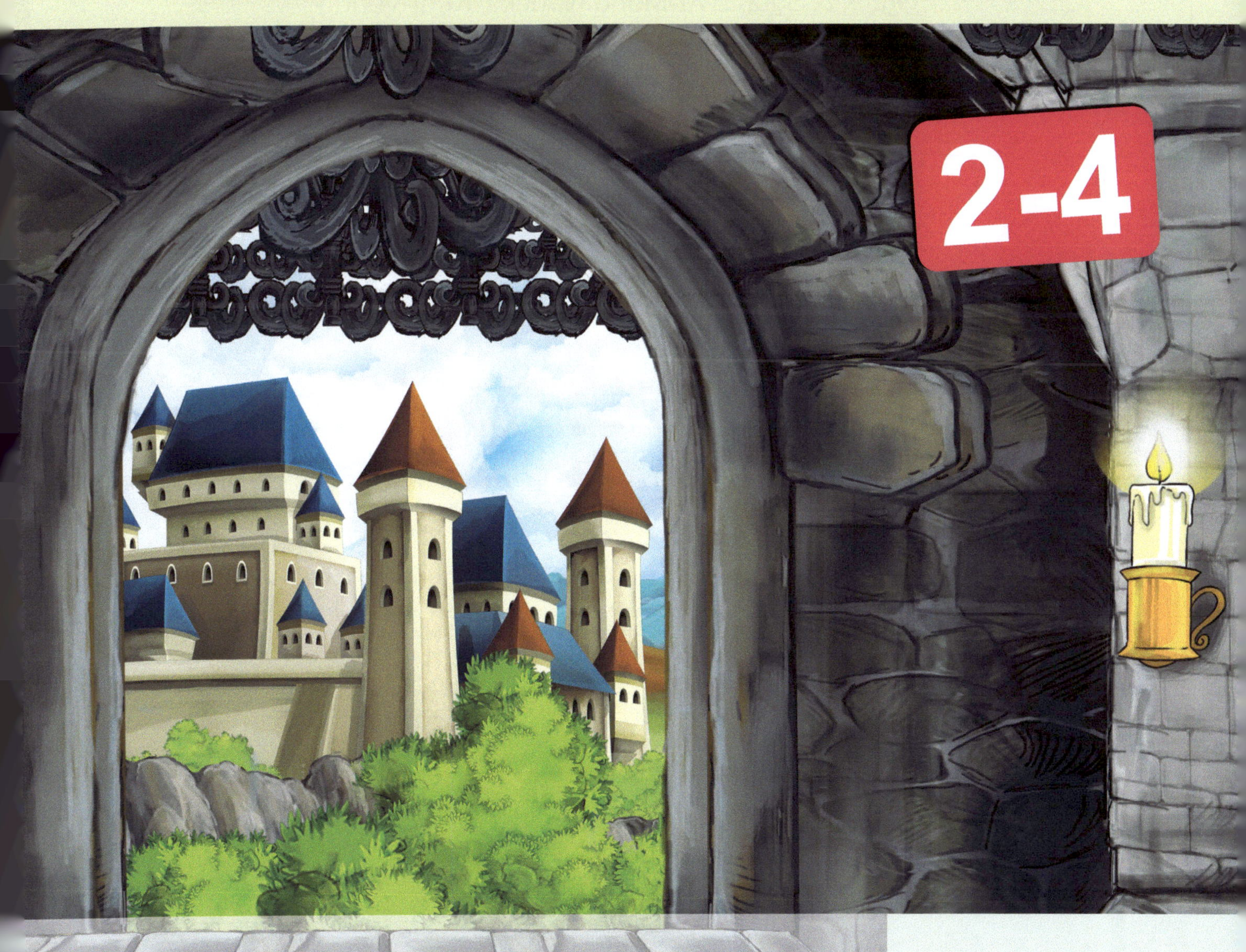

2-4

Faszinierende Infotexte und spannende Rätsel

Ritter und Burgen

Das Mittelalter in Rätseln / Klasse 2-4

2. Auflage 2025

Inhalt: Sabrina Hinrichs
Umschlagbilder: © honeyflavour & cirodelia - AdobeStock.com
Redaktion: Kohl-Verlag
Grafik & Satz: Eva-Maria Noack / Kohl-Verlag
Druck: Elanders Druck, Waiblingen

Bestell-Nr. 12 896

ISBN: 978-3-98558-296-9

Kontakt: Kohl-Verlag, An der Brennerei 37-45, 50170 Kerpen
Tel: +49 2275 331610, Mail: info@kohlverlag.de

Inhalt

KOHL VERLAG
Ritter und Burgen / Klasse 2-4
Das Mittelalter in Rätseln – Bestell-Nr. 12 896

Inhalt

KOHL VERLAG Lernen mit Erfolg
Ritter und Burgen / Klasse 2-4
Das Mittelalter in Rätseln – Bestell-Nr. 12 896

Methodisch-didaktische Hinweise / Vorwort

Vom geheimnisvollen Mittelalter sind bereits Kinder im Grundschulalter fasziniert.

Dieses Lehrmaterial bietet Ihnen und Ihren Schülerinnen und Schülern die Möglichkeit erste Erfahrungen mit diesem spannenden Teil der Menschheitsgeschichte zu sammeln. Als Zeitreise wird das Mittelalter kindgerecht thematisiert. In Form einer Geschichte wird Sachwissen schülernah vermittelt und mit dem Lösen von Rätseln überprüft und gefestigt.

Die Schülerinnen und Schüler begleiten die Geschwister Max und Laura auf ihrer Reise mit einer selbstgebauten Zeitreisemaschine. Dabei lernen sie u.a. Burgen und mittelalterliche Städte kennen. Einzelne Kapitel können dabei auch ausgelassen oder in einer anderen Reihenfolge behandelt werden. Texte und Rätsel wechseln sich jeweils ab. Je nach Klassenstufe können die Texte entweder vorgelesen oder selbstständig erarbeitet werden. Jedes Kapitel enthält mindestens ein Rätsel und ermöglicht eine spielerische Auseinandersetzung mit dem jeweiligen Thema. Dabei wechseln sich unterschiedliche Rätselformen wie Kreuzworträtsel, Logikrätsel, Gitterrätsel, Rebus-Rätsel, Nonogramme, Geheimschriften und Sudokus ab. Bei einigen Rätselformen, die Ihren Schülerinnen und Schülern noch nicht geläufig sind, bietet es sich an, diese vor dem Lösen im Klassengespräch zu erklären. Dazu zählen vor allem das Rätsel 8 (Nonogramm) und unter Umständen die Rätsel 3 (Rebus-Rätsel) und 28 (Sudoku). Weisen Sie Ihre Schülerinnen und Schüler darauf hin, dass die Rätsel mit dem Bleistift bearbeitet werden sollen, damit Fehler beim Tüfteln einfach behoben werden können.

Hinrichtungen und Foltermethoden werden auf den Seiten 13–15 thematisiert und zeigen die düstere Seite des Mittelalters. Sie sind zum Teil sehr brutal und deshalb nicht für alle Klassen geeignet. Überlegen Sie im Voraus genau, ob und wie sie diesen Teil des Materials für ihre Klasse nutzen wollen.

Alle anderen Kapitel können bedenkenlos zum Einsatz kommen und sollen gemeinsam ein genaues Bild vom Mittelalter entstehen lassen. Ein Bild, zu dem Krankheiten, Folter, Hunger und eine geringe Lebenserwartung genauso gehören wie Ritter, Burgen, Turniere, die Hanse und bedeutende Erfindungen.

Eine spannende und lehrreiche Zeitreise ins Mittelalter und viel Spaß beim Lösen der Rätsel wünschen Ihnen das Redaktionsteam des Kohl-Verlags und Sabrina Hinrichs.

Liebe Abenteurer,

wir freuen uns, dass Ihr Euch auf das Abenteuer Mittelalter einlassen möchtet. Burgen und mittelalterliche Städte warten darauf, von Euch entdeckt zu werden. Die Zeitreisemaschine steht bereit und wird mit Euch 500 bis 1500 Jahre in der Zeit zurückreisen. Packt schnell Euren Rucksack! Eine Kamera, eine Reiseapotheke und ein Schild dürft Ihr auf keinen Fall vergessen.

Viel Spaß auf einer spannenden Entdeckungstour ins düstere und geheimnisvolle Mittelalter!

Eine gute Zeitreise wünschen Euch das Redaktionsteam des Kohl-Verlags und **Sabrina Hinrichs**

1 Mittelmäßig?

„Heute hat Niklas im Morgenkreis von einem Mittelaltermarkt erzählt", berichtet Max ganz aufgeregt beim Mittagessen. „Dort gab es viele coole Sachen: Kämpfe zwischen Rittern, Drachen, die Feuer spucken und eine große Bühne, auf der mittelalterliche Musik gespielt wurde. Und Niklas hat dort sogar ein Schild und ein Schwert bekommen." Laura macht große Augen. Das klingt wirklich spannend. Papa ist weniger begeistert. „Diese Mittelaltermärkte sind nur auf Kommerz aus. Damals im Mittelalter war es ganz anders. Die Menschen haben nicht in diesen Zelten gelebt und diese albernen Gewänder haben sie auch nicht getragen." Mama wirft Papa einen bösen Blick zu. „Jetzt red' den Markt doch nicht so schlecht. Für Kinder scheint es toll zu sein. Vielleicht sollten wir auch mal hingehen." Papa schüttelt den Kopf. „Die wollen uns dort nur überteuerte Waffen, Taschen, Gefäße und so weiter anbieten, die angeblich im Mittelalter genauso aussahen. Und es ist schade, dass das Mittelalter dort nicht so dargestellt wird, wie es wirklich war." Max schaut seinen Vater genervt an. „Wie war es denn dann?" Doch er wartet die Antwort gar nicht erst ab, sondern zwinkert seiner Schwester zu. „Kommst du mit auf den Dachboden?" Laura nickt begeistert. Sie weiß genau, was ihr Bruder vorhat. „Na gut!", sagt Mama. „Steht ruhig schon auf, ihr habt ja schon aufgegessen."

Auf dem Dachboden kramt Max mehrere alte Pappkartons hervor. „Gleich werden wir sehen, ob Papa wirklich recht hat", murmelt Max, als er mit den Kartons die Zeitreisemaschine wieder zusammensetzt. Damit sind Laura und Max schon einmal ins alte Ägypten gereist, um sich anzuschauen, wie es dort vor 5000 Jahren war. „Diesmal müssen wir nur 500 bis 1500 Jahre zurückreisen", meint Max. Das Thema Mittelalter hatte er schon einmal in der Schule und kennt sich deshalb schon ein bisschen aus. Laura beginnt zu rechnen. „Das Mittelalter dauerte also 1000 Jahre an", stellt sie fest. „Genau und es heißt Mittelalter, weil es zwischen zwei Zeiten liegt – zwischen einer „alten" und einer „neuen" Zeit, zwischen dem Altertum und der Neuzeit", erklärt Max seiner Schwester. Laura überlegt. „Und wir leben in der Neuzeit?", fragt Laura. Max nickt. „Und das, obwohl der Beginn der Neuzeit schon über 500 Jahre zurückliegt. Am 12. Oktober 1492 entdeckte Christoph Kolumbus Amerika. Er erreichte an diesem Tag die karibischen Inseln, die vor der amerikanischen Küste liegen. Mit dem Aufbruch Europas in eine Neue Welt, begann auch eine neue Zeit, die Neuzeit." „Und damit war das Mittelalter vorbei!", schlussfolgert Laura. Max nickt. „Außerdem war eine bedeutende Erfindung gegen Ende des Mittelalters der Buchdruck. Bücher mussten nicht mehr mühsam von Hand geschrieben werden, sondern konnten schnell in großen Auflagen gedruckt werden. Nachrichten und Wissen konnten deshalb viel einfacher und schneller verbreitet werden. Es war auf einmal viel leichter geworden, sich zu informieren und zu bilden. Plötzlich interessierten sich viele Gelehrte wieder für das Wissen der Antike und lasen begeistert über die Erfindungen der Römer und Griechen in den Bereichen Philosophie, Medizin, Mathematik und Architektur.

KOHL VERLAG Ritter und Burgen / Klasse 2-4 – Bestell-Nr. 12 896
Das Mittelalter in Rätseln

1 Mittelmäßig?

Man wollte damals an diese Zeit anknüpfen, um die Ideen der Alten Griechen und Römer weiterzuentwickeln. Diese Zeit wird deshalb „Renaissance" (französisch „Wiedergeburt") genannt. Die Zeit zwischen der Antike und der Renaissance bezeichnet man als mittlere Zeit, als Mittelalter. Viele verbinden damit immer noch eine eher düstere, finstere Zeit ohne Fortschritte." Laura wundert sich. „Dabei ist während des Mittelalters doch ziemlich viel Spannendes passiert: Es wurden Burgen gebaut, Ritterturniere fanden statt, die erste Universität wurde in der italienischen Stadt Bologna gegründet, viele Städte wurden errichtet und die Hanse entstand, ein Handelsbund aus etwa 70 Städten in Norddeutschland." Max grinst. „Ich glaube auch nicht, dass das Mittelalter nur mittelmäßig war! Wir wollen uns das auf jeden Fall mal anschauen, oder?", drängt er. „Na los, steig ein! Worauf warten wir noch! Wir reisen ein Zeitalter zurück in die Vergangenheit!" Max sitzt schon in der Zeitreisemaschine. „Warte!", ruft Laura. „Das können wir vielleicht noch gebrauchen!" Aus einer Kiste auf dem Dachboden kramt sie unter anderem ein Ritterkostüm mit Schwert und Schild heraus. „Mein Mittelalterbuch würde ich auch gerne mitnehmen", meint Max. Kurz darauf kommt Laura mit vielen weiteren Gegenständen wieder. „Können wir das in der Zeitreisemaschine mitnehmen?" Max nickt. „Bestimmt! Gib' her!"

Rätsel Nummer 1

Der Platz ist knapp. Gelingt es dir, alle Gegenstände einzupacken? Male sie in die Zeitreisemaschine!

Zeitreisemaschine

KOHL VERLAG
Ritter und Burgen / Klasse 2-4
Das Mittelalter in Rätseln – Bestell-Nr. 12 896

2 Hygiene und Krankheiten

„Nun haben wir alles verstaut!", stellt Laura zufrieden fest. Max ist bereits dabei die Zeitreisemaschine zu starten. Es rüttelt und dampft. Als der Nebel sich verzieht, befinden sich die Kinder plötzlich mitten auf einem Marktplatz.

Sofort steigt Laura ein unangenehmer Geruch in die Nase. „Was stinkt denn hier so?" Auch Max verzieht das Gesicht. „Im Mittelalter gab es keine WCs und die Fäkalien wurden einfach auf die Straße gekippt." Laura hält sich die Nase zu und sieht sich um. Die Menschen tragen lange braune Gewänder. „Die Leute sehen alle noch so jung aus", stellt Laura fest. Max nickt. „Das sind sie auch. Wegen Kälte, Hunger oder aufgrund von Krankheiten starben die Menschen im Mittelalter sehr früh. Die Lebenserwartung lag bei 30 bis 40 Jahren. Frauen starben noch früher als Männer und jedes vierte Baby erlebte nicht seinen ersten Geburtstag." Laura guckt erschrocken. Ein Mann mit mehreren großen Zahnlücken kommt ihnen entgegen. „Besonders gesund wirken die Menschen hier tatsächlich nicht", murmelt sie.

Die Stadt sieht so aus wie eine deutsche Altstadt mit engen Kopfsteinpflastergassen. Es ist allerdings sehr dreckig. „Das Wort Hygiene gab es im Mittelalter wohl noch nicht!", nörgelt Laura. Max nickt. „Die Menschen badeten nur alle 2 bis 3 Wochen und in den Betten waren Läuse und Flöhe. Krankheiten konnten sich leicht ausbreiten. Zum Beispiel die Pest. Die Beulenpest brach zunächst in Ostasien aus und verbreitete sich von dort bis zum Schwarzen Meer. Schiffsratten brachten den Erreger in die europäischen Häfen. Von dort breitete sich die Krankheit schnell aus. Ein Flohbiss übertrug das Bakterium. Schwellungen, die auf eine Vergrößerung der Lymphknoten zurückzuführen waren, entstanden. Weitere Symptome waren Fieber, Erbrechen, Kopfschmerzen, Schüttelfrost und Bewusstseinsstörungen. Wirksame Medikamente, wie z. B. Antibiotika, gab es damals noch nicht. Ein Drittel der europäischen Bevölkerung starb an der Pest. Erst nach vier Jahren flaute die Epidemie 1351 ab." Laura sieht ihren Bruder erschrocken an. „Wir müssen aufpassen, dass wir uns nicht anstecken. In welchem Jahr sind wir denn gelandet?", fragt sie. Max wirft einen Blick auf die Zeitreisemaschine. „Wir sind im Jahr 1274 gelandet! Kein Grund zur Sorge. Die Pest gibt es jetzt noch nicht!"

Ritter und Burgen / Klasse 2-4
Das Mittelalter in Rätseln – Bestell-Nr. 12 896

Rätsel Nummer 2

Wenn du die richtigen Sätze findest, erfährst du wie die Pest auch genannt wurde.

	richtig	falsch
Fäkalien wurden auf die Straße gekippt.	S	A
Die Beulenpest brach zunächst in Afrika aus.	R	C
Schiffsratten brachten die Pest nach Europa.	H	M
Mücken übertrugen das Bakterium.	A	W
Ein Viertel der Bevölkerung starb an der Pest.	N	A
Die Pestepidemie dauerte 10 Jahre.	D	R
Jedes zehnte Baby starb vor seinem ersten Geburtstag.	U	Z
Die Lebenserwartung lag bei 30 bis 40 Jahren.	E	N
Frauen starben noch früher als Männer.	R	E

Lösungswort: ________________ *Tod*

3 Kathedralen und der christliche Glaube

Laura sieht sich um. Eine riesige Kathedrale steht direkt neben ihnen auf dem Marktplatz. Laura bewundert die riesigen Gewölbe, die bunten Glasfenster und die aufwendigen Verzierungen. „Ich wusste nicht, dass es so etwas damals schon gab!", sagt sie ohne den Blick abzuwenden. „Wow!", murmelt auch Max. „An den Kathedralen wurde oft 100 Jahre gebaut! Die Größe dieser Bauwerke soll die Anwesenheit Gottes vermitteln. Ein Kirchenbesuch war für die sehr gläubigen Menschen im Mittelalter ein besonderes Erlebnis. Ihre Holzhütten und ihre Kleidung waren dunkel und grau. Die Kirchen waren dagegen damals schon aus Stein und von Innen sehr prachtvoll gestaltet." Laura steuert bereits auf den Eingang der Kathedrale zu. Auch Max ist neugierig und folgt ihr. Von innen sehen die bunten Glasfenster noch schöner aus. Außerdem gibt es Wandmalereien und Bildteppiche. Am Altar brennen mehrere Kerzen und tauchen den riesigen Raum in ein warmes Licht. Eine leise, wunderschöne Musik erklingt und ein Priester läuft in einem langen bunten Gewand den Mittelgang entlang. „Die großen Kathedralen sehen also schon seit ca. 1000 Jahren so aus, wie sie heute sind!", stellt Laura fest. „Wollen wir warten bis der Gottesdienst losgeht?", fragt sie ihren Bruder. Max schüttelt den Kopf. „Meistens wird im Gottesdienst Lateinisch gesprochen. Wir werden also eh nichts verstehen." Gemeinsam treten die Geschwister durch den großen Eingang hinaus ins Freie. „Kein Wunder, dass die Menschen im Mittelalter so gläubig waren. Im Vergleich zum Rest der Stadt ist die Kathedrale ein sauberer, heller und angenehmer Ort." Max nickt. „Viele gingen sogar ins Kloster, um sich als Mönch oder Nonne dort komplett Gott zu widmen. Sie heirateten nicht und bekamen keine Kinder, sondern beteten, meditierten und lasen viel. Außerdem schrieben Mönche und Nonnen im sogenannten Skriptorium Bücher auf Pergament (Tierhaut) ab. Die Klöster waren sozusagen die Verlage und Druckereien des Mittelalters."

3 Kathedralen und der christliche Glaube

Laura hat schon einmal ein Kloster gesehen, wusste aber nicht, dass dieses schon im Mittelalter gebaut und bewohnt wurde. „Frauen und Männer lebten in getrennten Klöstern, oder? Aber was war mit den Kindern?", fragt sie ihren Bruder. „Oft wurden Kinder schon im Alter von sieben Jahren ins Kloster geschickt. Denn sie wurden dort gut versorgt und lernten lesen, schreiben, singen, handwerken und Latein."

Rätsel Nummer 3

Rebus Rätsel:
Wenn du die Wörter – wie in der 2. Spalte angegeben – veränderst, erhältst du Wörter, die du gerade kennengelernt hast.
3 -> B bedeutet dabei zum Beispiel, dass der 3. Buchstabe des Wortes zu einem B wird.

WANNE	1 -> N, 2 -> O	✎
POSTER	1 -> KL	
PERMANENT	4 -> G, 6 -> M	
MOLCH	2 -> Ö, 3 -> N	
STIPENDIUM	2 -> KR, 5 -> TO, 6 -> R, 7 weg	
KAMMERSAAL	3 -> T, 4 -> H, 6 -> DR, 7 weg, 8 weg, E am Ende	
ALLEIN	1 weg, 3 -> AT	

4 Handwerksberufe im Mittelalter

Max und Laura laufen durch die engen mittelalterlichen Gassen. Außen an den Häusern sind oft Schilder mit Bildsymbolen angebracht, die zeigen was sich in dem Geschäft verbirgt. „Das sind Zunftschilder", erklärt Max. „Die Brezel zeigt bestimmt eine Bäckerei, oder?", vermutet Laura. „Und beim Schild mit dem Schuh ist bestimmt ein Schuster", ergänzt Max. Laura zeigt auf ein weiteres Schild. „Die Schere zeigt eine Schneiderei", ruft sie. Max ist noch etwas anderes aufgefallen: „Oft gibt es in einer Gasse immer wieder die gleichen Geschäfte. Hier ist gerade eine Schmiede neben der anderen." Als sie in die nächste Straße abbiegen, ruft Laura: „Und das ist die Böttchergasse." „Noch heute gibt es in mittelalterlichen Städten Straßennamen, die darauf hindeuten, wer hier vorher gelebt und gearbeitet hat", erklärt Max. „Welche Handwerksberufe gab es denn im Mittelalter schon?" will Laura wissen. „Es gab zum Beispiel Schuhmacher, Glasbläser, Schornsteinfeger, Töpfer und Schmiede. Aber auch Berufe, die heute keine oder kaum noch eine Bedeutung haben, waren üblich: zum Beispiel Knopfmacher und Plattner, die Rüstungen erstellten."

Rätsel Nummer 4

Wer machte was? Ordne den Berufen oben die Aufgaben unten zu. Die Buchstaben vor den Aufgaben ergeben in der richtigen Reihenfolge ein Lösungswort.

1. Korbmacher – 2. Gerber – 3. Färber – 4. Drahtzieher – 5. Schlotfeger – 6. Kettenhemdmacher – 7. Schmied – 8. Weber – 9. Schuhmacher – 10. Böttcher

N:	Herstellen von Draht	
I:	Herstellen von Töpfen und Pfannen und Hufeisen für die Pferde aus Metall	
E:	Färben von Stoffen	
G:	Herstellung von Kleidung, Teppichen, Decken etc. mit Hilfe eines Webrahmens	
Z:	Herstellen von Körben	
H:	Herstellen von Gefäßen und Behältern aus Holz	
F:	Säubern der Schornsteine	
E:	Herstellen von Schuhen und anderen Gegenständen aus Leder	
U:	Herstellen von Leder aus Tierhaut	
T:	Herstellen von Kettenhemden	

Lösungswort: __ __ __ __ __ __ __ __ __ __andwerker
1. 2. 3. 4. 5. 6. 7. 8. 9. 10.

KOHL VERLAG Lernen mit Erfolg
Ritter und Burgen / Klasse 2-4 – Bestell-Nr. 12 896
Das Mittelalter in Rätseln

5 Hinrichtungen und Foltermethoden im Mittelalter

Als Laura und Max weiter durch die Gassen schlendern, kommen sie plötzlich zu einem kleinen Platz. Mitten auf dem Platz steht ein Mann, der an einen Pfahl gefesselt wurde und nun von mehreren umstehenden Menschen mit Steinen beworfen wird. Laura ist entsetzt. „Das ist total brutal!", ruft sie. „Ist das etwa eine **Steinigung (R)**?" Auch Max kann kaum mit Ansehen wie sehr der Mann gequält wird. Er versucht, seiner Schwester diese Szene zu erklären. „Im Mittelalter gab es noch die Todesstrafe. Manchmal erfolgten Hinrichtungen sogar ohne richterlichen Beschluss und es gab unglaublich brutale Methoden: **Ertränken in Fässern (E)**, **Einmauern**, das **Werfen in ein tiefes Loch (L)** oder das **Einsperren in einen eisernen Käfig (A)**, in dem der Verurteilte verhungerte oder erfror, das **Erhängen am Galgen (O)**, das **Verbrennen auf dem Scheiterhaufen (F)**, das **Aufspießen an einem Pfahl (N)**, der **Sturz von der Stadtmauer oder von einem Turm (T)**, das **Köpfen mit einer Axt oder einen Schwert (D)** und das **Vierteilen (G)**. Dabei werden an den Armen und Beinen Seile befestigt, die an vier Pferde gebunden werden. Die Pferde werden dann in vier verschiedene Richtungen getrieben." Laura verzieht das Gesicht. „Wieso waren die Menschen denn so grausam?" „Es ging nicht darum, die Menschen zu quälen. Vor allem die öffentlichen Hinrichtungen waren sehr brutal und grausam, um die Bevölkerung abzuschrecken und damit weitere Straftaten zu vermeiden." „Aber Quälerei war es trotzdem!", meint Laura.

Rätsel Nummer 5

Ordne den Bildern eine der im Text genannten Hinrichtungsmethoden zu. Die Buchstaben in Klammern ergeben ein Lösungswort.

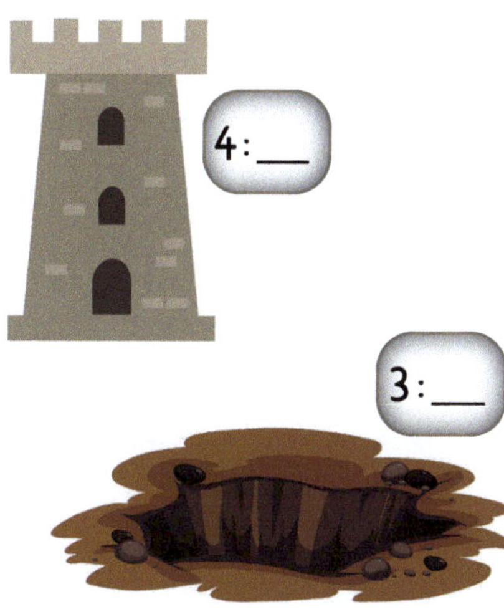

Lösungswort: __ __ __ __ __ __
1. 2. 3. 4. 5. 6.

Ritter und Burgen / Klasse 2-4
Das Mittelalter in Rätseln – Bestell-Nr. 12 896
KOHL VERLAG

5 Hinrichtungen und Foltermethoden im Mittelalter

Gedankenversunken folgt Laura ihrem Bruder. „Nun schau doch nicht so! Solange wir im Mittelalter kein Verbrechen begehen, wird uns auch nichts passieren", beruhigt Max sie. Um seine Schwester aufzumuntern, beginnt er zu pfeifen. „Hey, das Lied kenne ich doch!", meint Laura nach kurzer Zeit. Max nickt. „Das ist Jean Petit qui danse!" Aber wusstest du, dass das Lied aus dem Mittelalter stammt?" Laura schüttelt den Kopf. „Es geht auch nicht um einen tanzenden gut gelaunten Jungen, sondern um Foltermethoden im Mittelalter", verkündet Max grinsend. Laura schaut ihn ungläubig an. „Jean Petit war ein Bauer und führte eine Protestbewegung der mittelalterlichen Bauern an. Im südfranzösischen Villefranche-de-Rouergue wurde er gefangengenommen und hingerichtet. Nacheinander wurden ihm mit einem schweren Wagenrad einzelne Körperteile zertrümmert, die dann haltlos „hin- und hertanzten". Am Ende war der Kopf an der Reihe." Laura kann nicht glauben, dass sie schon so oft lachend dieses Lied gesungen hat ohne den Hintergrund zu kennen.

Jean Petit qui danse, Jean petit qui danse, de son/ sa __________.
Ainsi danse Jean Petit.

Jean Petit kann tanzen, Jean Petit kann tanzen, mit dem/der ____________.
Hey, ja, so tanzt Jean Petit.

Folgende Körperteile werden nacheinander in die Strophe eingesetzt:

pied – Fuß
main – Hand
jambe – Bein
bras – Arm
ventre – Bauch
épaule – Schulter
doigt – Finger
tête – Kopf

5 Hinrichtungen und Foltermethoden im Mittelalter

Rätsel Nummer 6

Kleiner Vokabeltest!

Welche Körperteile von Jean Petit „tanzen"? Ordne die französischen Wörter den deutschen Wörtern zu. Du erhältst mit den Buchstaben in den Klammern ein Lösungswort.

pied (R) – jambe (E) – main (Ä) – tête (R) – ventre (N) – bras (D)

Kopf = ________ Hand = ________ Arm = ________ Bein = ________

Fuß = ________ Bauch = ________

Lösungswort: ____________________

So nennt man auch die Foltermethode mit der Jean Petit gequält wurde. „Es gab übrigens noch mehr schreckliche Foltermethoden, mit denen Verdächtige gedrängt wurden, eine Straftat zu gestehen. Es ist umstritten, ob sie wirklich alle angewandt wurden und wie schrecklich und brutal sie waren. Ich hoffe, dass es sie nicht alle gegeben hat. Denn sie sind unglaublich grausam. Bei kleineren Verbrechen wurde man öffentlich – meistens auf einem Platz – an den Pranger gestellt.

Doch bei vielen weiteren Methoden wurden den Menschen starke Schmerzen zugefügt. Der Kopf oder ein Daumen wurde zum Beispiel in eine Schraubzwinge eingespannt, die immer weiter zugedreht wurde. Oder der Verdächtige wurde über einem Feuer befestigt und gegrillt. Es gab auch Gürtel mit Eisenstacheln und die Streckbank, auf der der Verdächtige mit Armen und Beinen befestigt und auseinandergezogen wurde, sowie die spanische Spinne, die wie eine Haarspange mit eisernen Spitzen aussah und an empfindlichen Körperstellen befestigt wurde. Oder die Fußsohlen wurden mit Salz bestreut, das von einer Ziege abgeleckt wurde. Die raue Zunge und das Salz führten zu einem starken Brennen. Besonders hart muss das Auffüllen mit Wasser gewesen sein. Der Verdächtige musste sich hinlegen und ihm wurden durch den Mund große Mengen an Wasser eingeflößt."

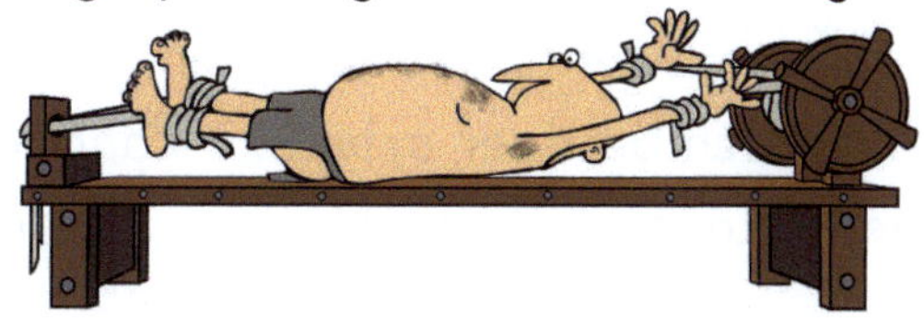

Laura unterbricht ihn. „Hör auf damit! Das reicht jetzt! Unglaublich, wie sehr die Menschen gequält wurden. Gestanden haben sie wahrscheinlich auch, wenn sie gar nichts verbrochen hatten." Max nickt. „Wir können echt froh sein, dass solche Foltermethoden und die Todesstrafe in unserer Zeit in Deutschland verboten sind." Laura nickt. „Auch Bestrafungen ohne richterlichen Beschluss gibt es nicht mehr und in den Gefängnissen in Deutschland geht es heutzutage auch nicht mehr so grausam zu."

KOHL VERLAG
Ritter und Burgen / Klasse 2-4
Das Mittelalter in Rätseln – Bestell-Nr. 12 896

6 Stände – die mittelalterliche Gesellschaft

Ein Mann in einem langen dunklen Gewand kommt auf die Kinder zu. Er ist dünn und sieht sehr blass aus. „Kann ich euch weiterhelfen?", fragt er freundlich. Laura nickt schüchtern und Max kann es kaum erwarten, mehr über das Leben der Menschen im Mittelalter zu erfahren. „Wir machen eine Zeitreise und wollen uns das Mittelalter anschauen", erklärt er. „Und das macht ihr freiwillig?", fragt der Mann überrascht. Laura und Max nicken. „Ich hoffe, ihr lebt in einer angenehmeren Zeit und könnt bald sicher zurück nach Hause reisen. Wir leiden hier sehr unter der Kälte und dem Hunger. Meine Frau ist vor ein paar Wochen verstorben. Welche Krankheit sie hatte, weiß ich nicht."
„Das tut uns sehr leid", sagt Laura leise. Offenbar gehört der Tod hier zum Alltag der Menschen dazu. „Ich bin ein Knecht. Das heißt, ich gehöre einem Herrn, für den ich hart arbeiten muss. Manchmal werden wir schlechter behandelt als Tiere. Eigene Rechte oder Besitz habe ich nicht. Hier im Mittelalter können sich die Menschen nicht aussuchen wie sie leben und welchen Beruf sie ausüben wollen. Die mittelalterliche Gesellschaft ist in Schichten eingeteilt, die Stände genannt werden. Und in dem Stand, in den man hineingeboren wird, bleibt man sein Leben lang!" „Heißt das, dass der Sohn eines Ritters automatisch auch Ritter wird?", möchte Max wissen. Der Mann nickt. „Und in dieser Schicht zu leben, ist viel wert! Ganz unten in der Gesellschaftspyramide stehen neben den Knechten die Bauern und Mägde. Sie alle haben keinen Besitz und keine Rechte. Dieser Stand ist besonders groß und besteht aus dem Großteil der Bevölkerung. Darüber befindet sich die Mittelschicht: Ritter und Bürger in den Städten (Handwerker, Kaufleute, Beamte), Minnesänger und Mönche. Bischöfe, Herzöge und Fürsten befinden sich in der Schicht darüber, direkt unter dem König. Der König gibt den Fürsten Land. Das nennt man Lehen. Die Fürsten müssen als Gegenleistung im Krieg für den Eigentümer kämpfen, Abgaben an ihn zahlen und Frondienste leisten, also für den Besitzer arbeiten. Randgruppen haben in der Ständepyramide gar keinen Platz, z. B. die Henker, Schornsteinfeger, Juden und vor allem die Bettler."
„Das ist alles ganz schön unfair. Wenigen Menschen geht es sehr gut und sehr viele Menschen leiden unter den harten Lebensbedingungen", fasst Max zusammen. Der Mann nickt. „Ja, das ist leider so! Und wer zu welchem Stand gehört, kann man sogar an der Kleidung sehen. Jeder Stand hat seine eigene Kleiderordnung.

KOHL VERLAG Ritter und Burgen / Klasse 2-4 Das Mittelalter in Rätseln – Bestell-Nr. 12 896

6 Stände – die mittelalterliche Gesellschaft

Die Adeligen tragen zum Beispiel edle Gewänder aus farbigen Stoffen, die mit Bändern, Perlen und Pelzen verziert sind. Noch aussagekräftiger sind die Schuhe. Die spitz zulaufenden Schnabelschuhe sind bei besonders vornehmen Trägern besonders lang."

Der Mann macht eine Pause. „Ich hoffe, dass es in eurer Gesellschaft etwas angenehmer und gerechter zugeht", fügt er schließlich hinzu. Max und Laura grübeln beide über diese Worte nach.

Rätsel Nummer 7

Finde die Fehler in der Ständepyramide. Wie viele Bevölkerungsgruppen sind in der falschen Schicht gelandet? Die gesuchte Zahl zeigt dir den Zeitraum an, der als Mittelalter bezeichnet wird: _00 bis 1_00 Jahre n. Chr.

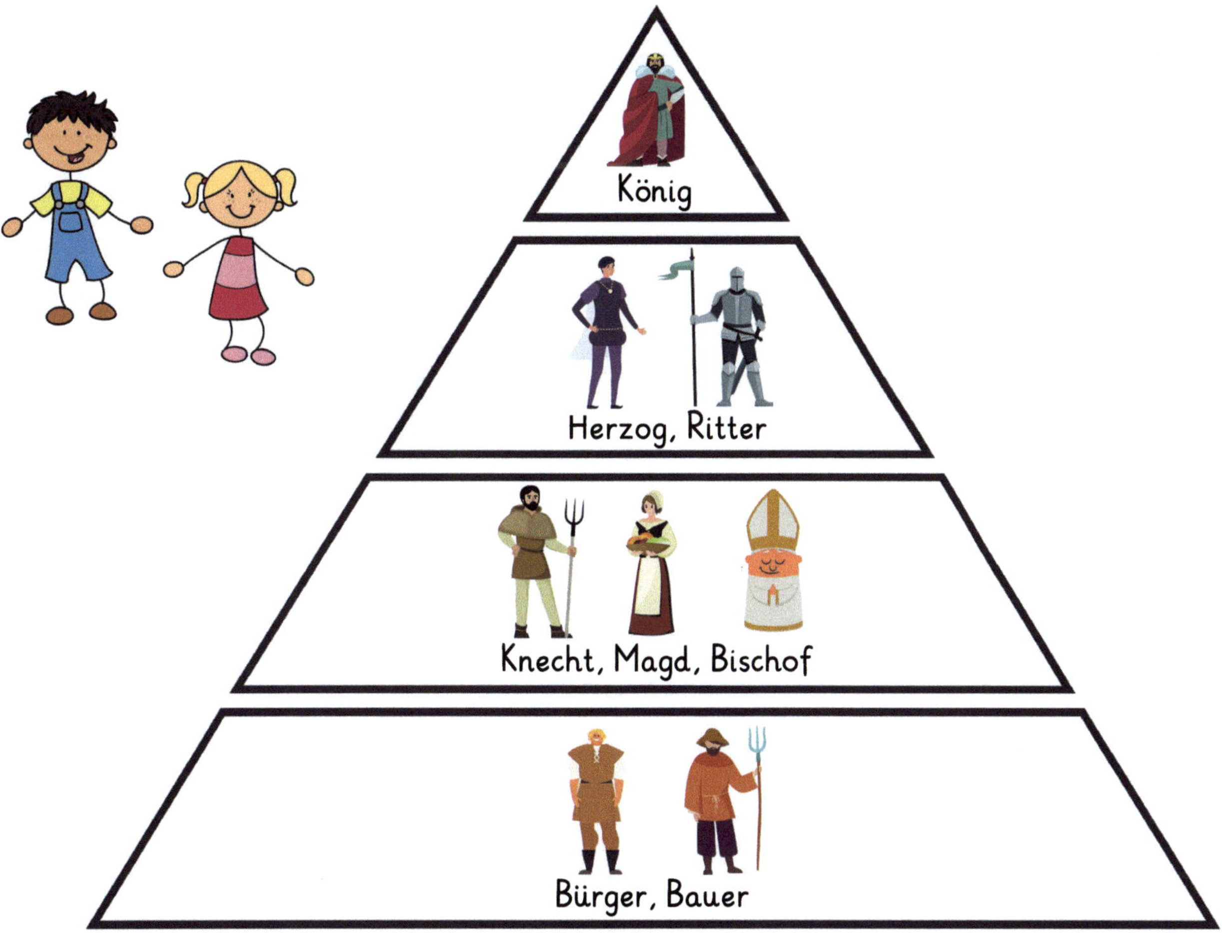

____ Bevölkerungsgruppen sind nicht in der richtigen Schicht eingetragen.

Es sind folgende Gruppen: __________ __________ __________ __________ __________

Als Mittelalter werden die Jahre ____00 bis 1____00 n. Chr. bezeichnet.

Ritter und Burgen / Klasse 2-4
Das Mittelalter in Rätseln – Bestell-Nr. 12 896
KOHL VERLAG

6 Stände – die mittelalterliche Gesellschaft

„Wie geht es eigentlich den Kindern in der Ständegesellschaft?", fragt Max nun. „Mädchen helfen im Haushalt und Jungen erlernen früh den Beruf des Vaters", antwortet der Mann. „Bauernkinder haben zum Spielen oft nur einen Ball oder eine Puppe. Auf den Burgen und in den Städten gibt es aber mehr Spielsachen wie Spielgeschirr, Murmeln aus Ton, Ritterfiguren und Kreisel, die man mit einer Peitsche antreibt." „Eine Schule gibt es also gar nicht", murmelt Laura. „Feiert ihr Geburtstag und Weihnachten?", möchte Max wissen. „Normalerweise weiß niemand sein genaues Geburtsdatum. Geburtstage werden also nicht gefeiert und an Weihnachten gibt es keine Geschenke. Mit sieben Jahren verlassen die Jungen, die auf der Burg leben, ihre Familie, um sich auf einer anderen Burg zum Ritter ausbilden zu lassen, oder sie gehen in ein Kloster. Dort lernen die Jungen lesen und schreiben. Die Mädchen bleiben zunächst auf der Burg, wo auch sie lesen und schreiben lernen. Mit 12 Jahren werden sie verheiratet und bekommen Kinder. Obwohl viele Kinder früh sterben, sind 10 Geschwister keine Seltenheit." Laura und Max sehen sich traurig an. „Uns geht es ganz schön gut in der Neuzeit!", sagt Laura. „Du reichst mir als Bruder vollkommen!" Max grinst und ist auch froh, dass er nicht im Mittelalter aufwachsen muss. „Ihr seid bestimmt nicht hergekommen, um euch diese traurigen Geschichten anzuhören, oder?", fragt der Mann. „Schaut mal dort! Das Mittelalter hat auch tolle Dinge zu bieten!"

KOHL VERLAG
Ritter und Burgen / Klasse 2-4
Das Mittelalter in Rätseln – Bestell-Nr. 12 896

7 Eine Entdeckung

Rätsel Nummer 8

Finde heraus, was die Kinder in der Ferne entdeckt haben.

Löse dazu das „Nonogramm". Dazu musst du in jeder Zeile und jeder Spalte eine bestimmte Anzahl an Feldern ausmalen. Die Zahlen ganz links und ganz oben geben an, wie viele Kästchen am Stück ausgemalt werden müssen. Fange mit den Zeilen und Spalten an, in denen die meisten Felder ausgemalt werden sollen.

Das Ziel ist es, ein verstecktes Bild sichtbar zu machen.

	7	7	4	3	3	3	3	4	7	7
2 2										
2 2										
2 2 2										
10										
10										
4 4										
3 3										

„Wow!", ruft Max begeistert aus. „Da möchte ich unbedingt hin." Laura nickt begeistert. „Auf jeden Fall!"

8 Mittelalterliche Städte bei Nacht

„Passt auf, dass ihr euch bei Einbruch der Dunkelheit nicht mehr draußen herumtreibt. Es gibt eine Ausgangssperre", rät der Mann Laura und Max. Die beiden sehen den Mann verdutzt an. Doch anscheinend war diese Warnung sehr ernst gemeint. „Im Dunkeln sind die Städte und Ortschaften nicht mehr sicher. Zu viele Gauner treiben sich herum. Deshalb überprüft ein Nachtwächter, der mit einer Laterne nachts umherwandelt, ob sich alle an die Regel halten: Niemand darf sich im Dunkeln draußen aufhalten." „Danke für den Hinweis. Wir passen gut auf uns auf!", versichert Max dem Mann. Dieser verabschiedet sich: „Ich wünsche euch noch eine spannende Zeitreise und alles Gute!" Kurz darauf ist er inmitten der engen dreckigen Gassen verschwunden.

Rätsel Nummer 9

Finde nachts den Weg durch die Stadt, ohne auf einen der Nachtwächter zu treffen.

KOHL VERLAG Ritter und Burgen / Klasse 2-4 Das Mittelalter in Rätseln – Bestell-Nr. 12 896

9 Der Weg zur Burg

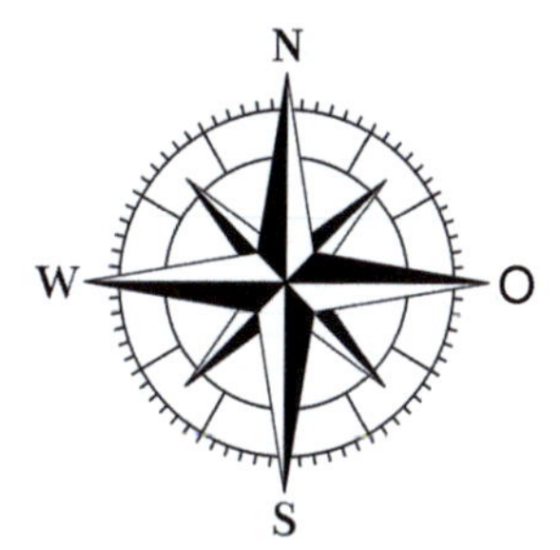

Rätsel Nummer 10

Wie gelangen Laura und Max zur Burg? Wenn du erkennst, in welcher Himmelsrichtung sich jeweils die Burg befindet, erhältst du den Namen einer berühmten Burg in Deutschland. Kreise dazu den jeweils richtigen Buchstaben ein.

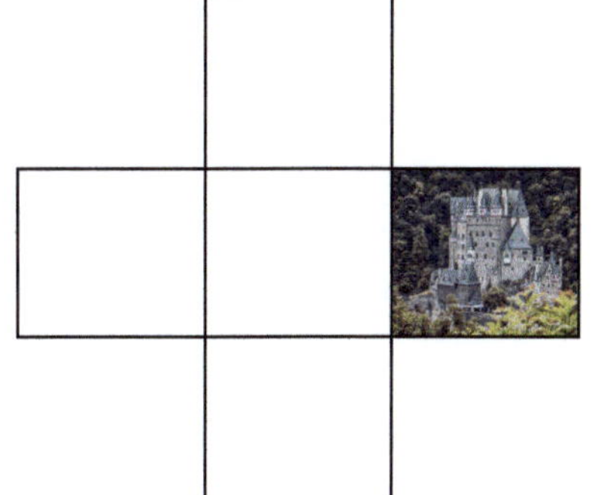

In welcher Himmelsrichtung befindet sich die Burg?

Norden: B Osten: E

Süden: U Westen: N

In welcher Himmelsrichtung befindet sich die Burg?

Norden: I Osten: S

Süden: T Westen: L

In welcher Himmelsrichtung befindet sich die Burg?

Norden: A Osten: C

Süden: T Westen: U

In welcher Himmelsrichtung befindet sich die Burg?

Norden: S Osten: N

Süden: H Westen: Z

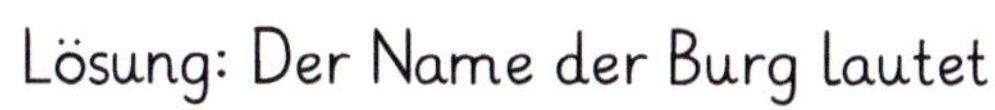

Lösung: Der Name der Burg lautet .

KOHL VERLAG Lernen mit Erfolg
Ritter und Burgen / Klasse 2-4
Das Mittelalter in Rätseln – Bestell-Nr. 12 896

9 Der Weg zur Burg

Der Weg ist weit und beschwerlich. Doch die Burg rückt immer näher. Plötzlich lichtet sich der Wald und die Kinder entdecken am Wegesrand einen Ritter. Staunend bleiben sie stehen und können ihren Augen kaum trauen.

Rätsel Nummer 11

Finde die 10 Fehler im Bild rechts.

Der Ritter nähert sich. „Hallo, mein Name ist Richard", sagt er und begrüßt die Geschwister mit einer Verbeugung. „Wir sind Max und Laura!", antwortet Max. „Wir sind Zeitreisende und haben die Burg dort entdeckt. Wir würden sie uns gerne näher ansehen." Richard lächelt. „Ich nehme euch gerne mit zur Burg. Ich bin ein Page und lebe auf der Burg, um mich dort zum Ritter ausbilden zu lassen", erklärt er den Kindern. „Kommt, steigt auf mein Pferd!" Vor allem Laura freut sich, dass sich ihre wunden Füße nun endlich etwas erholen können. Nach einem kurzen Ritt erreichen sie die Burg. Die Zugbrücke senkt sich wie von Geisterhand. Sie überqueren den Wassergraben, der die Burgmauern umgibt, und reiten durch das große Tor in die Burg hinein.

KOHL VERLAG
Ritter und Burgen / Klasse 2-4 – Bestell-Nr. 12 896
Das Mittelalter in Rätseln

10 In einer mittelalterlichen Burg

Laura und Max sehen sich beeindruckt um. Nun befinden sie sich im Inneren der Burg. Hohe Mauern mit Zinnen, **Schießscharten** und **Wachtürmen** umgeben sie von allen Seiten. Hinter ihnen schließt sich die **Zugbrücke** bereits wieder. Laura dreht sich um und bemerkt erst jetzt das **Fallgitter** am **Burgtor**, das heruntergelassen werden kann, um Feinde abzuwehren. „In den Wachtürmen sind **Wachstuben**", erklärt Richard. „Hier können sich die Wachen ausruhen, aufwärmen und absprechen." Am Rande des großen Innenhofes befinden sich **Ställe**, ein **Brunnen**, ein **Backofen**, eine **Schmiede**, **Lagerschuppen** und der **Bergfried**, der höchste Turm der Burg. „In den Bergfried zieht sich die Familie des Burgherrn zurück, wenn der Rest der Burg schon erobert wurde." Direkt daneben steht das Wohnhaus des Burgherrn und seiner Familie (***Palas*** genannt). Richard zeigt auf den breiten runden Turm. „Im Palas gibt es die **Küche**, einen **Festsaal**, ein Kaminzimmer (***Kemenate*** genannt), eine **Kapelle**, einen **Weinkeller**, eine **Schatz-** und **Waffenkammer** und unten einen **Kerker**."

„Dürfen wir das mal von innen sehen?", fragt Laura. „Folgt mir!", antwortet Richard und führt die Kinder durch den großen Turm. Besonders interessant finden Laura und Max die Kemenate. Hier ist auch das Schlafzimmer der Familie. „Das Bett ist ja riesig!", wundert sich Max. „Und total gemütlich sieht es aus mit den Gardinen drum herum", meint Laura. Richard grinst. „Die ganze Familie schläft zusammen in einem Bett und die Bettvorhänge sind ein Schutz gegen die Kälte." Laura weiß nicht, was sie sagen soll. Das Bett sieht aus wie eine gemütliche große Bude. Aber sie ist trotzdem froh, dass sie zuhause ein Bett für sich ganz alleine hat. „Wozu ist denn die Schatzkiste da?", fragt Max und unterbricht ihre Gedanken. Richard lacht. „Darin ist leider kein Schatz. In die Truhe werden über Nacht die Kleidungsstücke gelegt, die man am Tag darauf wieder anziehen möchte." „Sowas hätte ich auch gerne!", meint Max.

Nach der kleinen Führung durch den Palas gehen die drei wieder in den Innenhof der Burg. „Wer lebt denn hier alles auf der Burg?", fragt Laura. „Der Landherr oder Burgherr und seine Familie. Doch um die Burg verteidigen zu können, gibt es viele Ritter, außerdem Handwerker wie Schmiede, Zimmermänner und Steinmetze, aber auch Wachen und weitere Bedienstete (Knechte und Mägde), die sich zum Beispiel um die Verpflegung kümmern.", erklärt Richard. Max überlegt. „Wie viele Personen sind das insgesamt?" „Auf der Burg leben zurzeit 66 Personen!" „Das ist ja wie ein kleines Dorf, das von einer Stadtmauer umgeben ist", stellt Laura fest. Richard nickt. „Früher wurden die ersten Burgen aus Holz gebaut. Sie waren nicht gerade eindrucksvoll, sondern bestanden nur aus einem hölzernen Turm, der von einem Palisadenzaun und einem Graben umgeben war. Diese ersten hölzernen, einfachen Burgen wurden auf Hügeln errichtet und Motte genannt. Doch weil diese schnell in Brand gerieten und nicht standfest genug waren, stellte man schnell auf Stein als Baumaterial um. Nach und nach wurden die Burgen immer größer und beeindruckender."

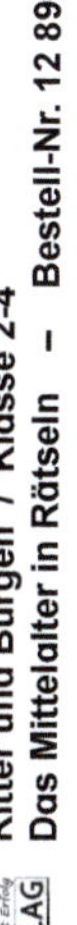

10 In einer mittelalterlichen Burg

MOTTE
Burgfried
Zugbrücke
Viehstall
Lagerschuppen
Steiler Hang
Handwerker
Kaserne
Stallungen
Graben
Brunnen
Burghof
Wasser
Palisade
Zugbrücke
Haupttor

Rätsel Nummer 12

Ein Burgherr und ein Burgfräulein leben jeweils (mit ihrer Familie und vielen Bediensteten) auf einer Burg.
Es gehören jeweils eine Burg, ein Burgherr und ein Burgfräulein zusammen.
Kreise ein. Bleibt jemand oder etwas übrig?

Ritter und Burgen / Klasse 2-4
Das Mittelalter in Rätseln – Bestell-Nr. 12 896
KOHL VERLAG

10 In einer mittelalterlichen Burg

„Hey, wenn sie unbewohnt ist, können wir dort einziehen!", ruft Max aufgeregt. Laura ist weniger begeistert von der Idee. „Ich würde lieber hier bei Richard bleiben. Hier können wir noch viel lernen!" Damit hat Laura natürlich recht. „Und wir haben schon ganz schön viel gelernt!", fügt Max hinzu.

Rätsel Nummer 13

Was gehört zu einer Burg dazu? Setze die Wörter, die du auf Seite 23 kennengelernt hast, ins Kreuzworträtsel ein. Die markierten Felder ergeben ein Lösungswort.

Lösungswort:

1	2	3	4	5	6	7	8	9

Ritter und Burgen / Klasse 2-4
Das Mittelalter in Rätseln – Bestell-Nr. 12 896
KOHL VERLAG

11 Drachen, Hexen und Teufel

„Was ist eigentlich im Kerker?“, fragt Max. Er hat gehört, dass Feinde dort gefangen gehalten oder Drachen dort eingesperrt werden. Plötzlich sieht Richard sehr verängstigt aus. „Ich war noch nie im Kerker“, gibt er zu. „Ich habe zu große Angst vor Drachen.“ Max sieht ihn ungläubig an. „Aber Drachen gibt es doch gar nicht!“, entgegnet er. Richard ist entrüstet: „Natürlich gibt es sie. Sie spucken Feuer und sogar die Bibel erzählt von ihnen.“ Max merkt, dass Richard es ernst meint. „Und an Himmel und Hölle glaubt ihr auch?“, fragt er vorsichtig. Richard nickt. „Ich versuche, ein gutes Leben zu führen, damit ich nicht beim Teufel in der Hölle lande“, erklärt er. „Nehmt euch auch vor den Hexen in Acht. Sie stehen mit dem Teufel im Bunde und könnten euch verzaubern. Zum Glück werden die Hexen verfolgt und verbrannt.“ Laura ist entsetzt. „Das meinst du hoffentlich nicht ernst!“. Sie weiß, dass die Hexenverfolgung auch lange nach dem Mittelalter noch angehalten hat und viele unschuldige Frauen, manchmal auch Männer, zum Tode verurteilt wurden.

Rätsel Nummer 14

Finde heraus was den Menschen im Mittelalter noch Angst machte, indem du aus der folgenden Buchstabenschlange die Großbuchstaben heraussuchst und sie zu einem Wort zusammensetzt.

apimSenONbickaNuwEmoNipfaFIngNuSTiefEmiRusaNabIckaS

Lösungswort:

____

KOHL VERLAG
Ritter und Burgen / Klasse 2-4 – Bestell-Nr. 12 896
Das Mittelalter in Rätseln

12 „Guten Appetit!" – Speisen bei den Rittern

„Habt ihr Hunger?", fragt Richard seine Gäste. „Oh ja!", ruft Laura. „Was haltet ihr davon, wenn wir uns zusammen Nudeln kochen?" Richard sieht Laura fragend an. „Im Mittelalter kannte man noch nicht alle Lebensmittel, die wir regelmäßig essen!", erklärt Max. Nun sieht Laura beide überrascht an. „Das heißt, du kennst gar keine Nudeln?", fragt sie Richard verwundert. „Du Armer!"

Rätsel Nummer 15

Richard kennt noch mehr Lebensmittel nicht, weil es diese während des Mittelalters in Europa noch nicht gab. In der folgenden Wortschlange haben sich acht solche Lebensmittel versteckt. Kreise sie ein.

MAISMEHKASCHOKOLADECKUNUDELNOFITOMATENSAFI
IIEGREISNSPARGELLAMKARTOFFELNAPFUMPAPRIKASSI

„Nudeln kann ich euch zwar nicht anbieten, aber wir können trotzdem zusammen kochen und essen. Und leckere Getränke haben wir auch: Bier, Wein und Met (Honigwein)!" „Wir dürfen eigentlich gar keinen Alkohol trinken", meint Laura. „Max grinst. „Das wäre hier und jetzt aber mal eine gute Gelegenheit."

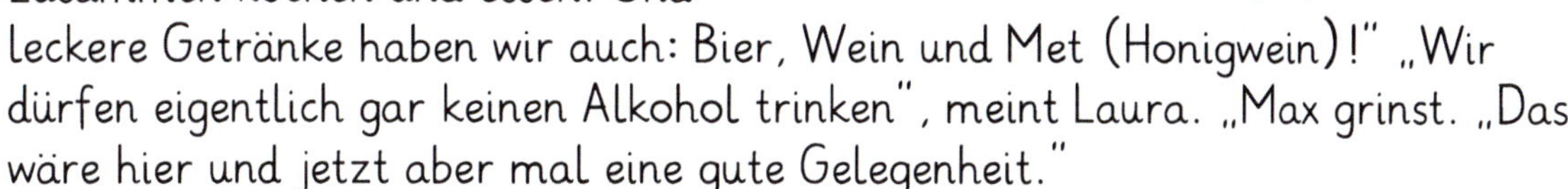

Richard führt seine Gäste in die Burgküche. Der Küchenmeister begrüßt sie freundlich. Mitten im Raum brennt ein offenes Feuer. Darüber ist ein großer Kessel aufgehängt. „Heute gibt es Suppe und ihr könntet noch ein bisschen Gemüse schneiden", schlägt Richard Laura und Max vor. „Das Gemüse kommt aus unserem Garten im Innenhof. Fleisch gibt es leider erst am Sonntag wieder." Schon bald befinden sich alle Zutaten im großen Kessel. „Nun leg' doch mal einen Zahn zu!", meint der Küchenmeister zu Richard. „Deine Freunde sterben doch vor Hunger!" Sofort befolgt Richard die Anweisung und hängt den Kessel an der Eisenschiene einige Zähne tiefer ein. Damit rückt der Kessel dichter an das Feuer heran. „Du hast im wahrsten Sinne des Wortes einen Zahn zugelegt!", meint Max zu Richard. „Wir sagen auch „Leg' einen Zahn zu!", wenn sich jemand beeilen soll.", erklärt Laura. „Und nun weiß ich endlich auch, woher diese Redewendung kommt!"

13 Redensarten aus dem Mittelalter

„Es gibt noch mehr Redewendungen aus dem Mittelalter, die wir heute noch benutzen!", behauptet Max. Richard grinst. „Wir sagen übrigens „immer der Nase nach", wenn man den Weg zu einer fremden Burg beschreiben will. Denn die Fäkalien werden einfach in den Burggraben gekippt und das riecht man oft schon von Weitem." Laura rümpft die Nase. „Und „Nicht lange fackeln" sagt ihr bei Angriffen auf eine Burg, oder?", will Max wissen. Richard nickt. „Genau, oft wird das Burgtor schnell von den Angreifern angezündet. Die Angreifer fackeln also nicht lange!" Richard überlegt für einen kurzen Moment und grinst dann. „Schwein gehabt" sagt man übrigens, weil es bei Turnieren als Trostpreis ein Schwein gibt", erklärt er. „Gar nicht so schlecht, oder?" Nun müssen auch Laura und Max lachen.

Rätsel Nummer 16

„Sagt ihr auch ______________?", fragt Max Richard. „Klar, das bedeutet: ________________!", antwortet sein mittelalterlicher Freund.

Ordne Max' Fragen (linke Spalte) Richards Antworten (rechte Spalte) zu. Die Buchstaben in den Klammern ergeben in der richtigen Reihenfolge ein Lösungswort.

Redensart (Fragen)	Bedeutung im Mittelalter (Antworten)
„etwas unter den Tisch fallen lassen"	„vom Pferd in den Sand fallen" (N)
„jemanden im Visier haben"	„sich im Schutze des im Kampf aufgewirbelten Staubes heimlich davonmachen" (E)
„Geh dahin wo der Pfeffer wächst!"	„öffentliches zur Schau stellen von Verbrechern" (S)
„gut gerüstet sein"	„eine nicht schmeckende Speise einfach fallen lassen" (P)
„in den Sand setzen"	„in einem aussichtslosen Kampf die Waffe wegwerfen" (A)
„die Flinte ins Korn werfen"	„durch eine Rüstung gut geschützt sein" (H)
„an den Pranger stellen"	„jemanden ganz weit wegschicken" (C)
„sich aus dem Staub machen"	„jemanden durch die Schlitze des Helms kampfbereit ansehen" (E)

Lösungswort: ______________________

KOHL VERLAG Ritter und Burgen / Klasse 2-4 Das Mittelalter in Rätseln – Bestell-Nr. 12 896

13 Redensarten aus dem Mittelalter

Durch diese Löcher im Vorsprung der Burgmauern wurden heiße Flüssigkeiten gekippt, um Angreifer abzuwehren. Die Angreifer hatten dann im wahrsten Sinne des Wortes Pech gehabt.

Rätsel Nummer 17

Woher stammt der Ausdruck „________________"?
Die richtige Antwort verrät dir einen Lösungsbuchstaben. Zusammengesetzt ergeben diese das Lösungswort.

1. **„drei Kreuze machen"**
   a) Wenn etwas als erledigt galt, ritzte man drei Kreuze in ein Stück Holz, um die Sache abzuhaken. (I)
   b) Man segnete sich mit dem Kreuzzeichen, wenn eine schlimme Phase als beendet galt. (H)
2. **„alles in Butter"**
   a) Um Gläser sicher transportieren zu können, wurde sie in Fässer mit geschmolzener Butter gelegt. Ausgehärtet schützte die Butter die Gläser beim Transport auf Kutschen. (O)
   b) Butter galt im Mittelalter als eine sehr seltene und kostbare Speise. Hatte man die Möglichkeit mit Butter zu kochen, so war dies nicht selbstverständlich. (M)
3. **„unter die Haube bringen"**
   a) Warme Mahlzeiten wurden, um sie vor dem Abkühlen zu schützen, unter eine Haube gestellt. (K)
   b) Verheiratete Frauen mussten ihre Haare unter einer Haube verbergen. (L)
4. **„steinreich"**
   a) Geld und andere Wertgegenstände wurden oft unter einem Stein versteckt. (A)
   b) Die Häuser wurden überwiegend aus Holz und Lehm gebaut. Nur die Reichen konnten sich Häuser aus Stein leisten. (Z)
5. **„einen Vogel haben"**
   a) Es wurde angenommen, dass Vögel in den Köpfen geistig verwirrter Menschen nisteten. (W)
   b) Vögel wurden damals, viel häufiger als heutzutage, als Haustier gehalten, obwohl sie für viel Dreck sorgten. (L)

Rätsel Nummer 17

6. **„ins Fettnäpfchen treten"**
   a) Weil Lederschuhe regelmäßig eingefettet werden sollten, wurden neben die Eingangstüren Fettnäpfchen gestellt. Trat man vor dem Betreten des Hauses aus Versehen in das Töpfchen, hinterließ man kurz darauf im Haus unschöne Fußabdrücke. (E)
   b) Auch in den Küchen mangelte es an Hygiene und Ordnung, sodass man ständig in ein nicht weggeräumtes Fettnäpfchen treten konnte. (U)

7. **„Schlitzohr"**
   a) Verbrecher, die hingerichtet werden sollten, wurden – um diese für den Henker zu markieren – mit einem Schnitt ins Ohrläppchen versehen. (E)
   b) Gesellen trugen manchmal als Zeichen ihrer Zugehörigkeit zu einer Zunft Ohrringe. Wenn sich die Gesellen nicht an die Regeln der Zunft hielten, wurde ihnen die Ohrringe herausgerissen. (G)

Lösungswort: „Auf dem ______________________ sein" sagt man, weil es damals viele „Sackgassen" in den Wäldern gab. Die Wege führten nirgendwo hin, da sie lediglich für den Holztransport angelegt worden waren.

Laura freut sich riesig, als sie endlich die fertige Suppe genießen kann. Dazu wird selbstgebackenes Brot serviert. Während sie gemeinsam essen, fragt Max Richard: „Wie lange lebst du schon hier auf der Burg?" Richard überlegt. „Seit fünf Jahren ungefähr!", erklärt er. „Meine Eltern haben mich hierhergeschickt, damit ich mich zum Ritter ausbilden lassen kann." Max findet Richards Leben total spannend. „Und wie genau wird man Ritter?", fragt er.

KOHL VERLAG Ritter und Burgen / Klasse 2-4 Das Mittelalter in Rätseln – Bestell-Nr. 12 896

14 Rittertugenden

„Zur Ritterausbildung zählt zunächst die Ausbildung zum **Pagen**. Dabei müssen wir Schwimmen, Fechten, Faustkämpfe und Reiten erlernen. Der Umgang mit Pferden wird geübt, da das Pferd der ständige Begleiter eines Ritters ist.
Mit 14 Jahren wird ein Page zum **Knappen**. Die Knappen tragen die Schilder der Ritter und üben den Kampf mit Schwert, Streitaxt, Armbrust und Lanze. Vor einem Turnier helfen die Knappen dem Ritter beim Anziehen der schweren Rüstung und stehen ihm im Kampfe bei. Die Knappen lernen das höfliche Benehmen gegenüber Damen und Edelleuten und sollen beim Schachspielen Geduld und Beherrschung zeigen." Richard erklärt, dass zur Ritterausbildung nicht nur das Trainieren von Kämpfen gehört. „Wir müssen ritterlich und tugendhaft sein!" Als er die fragenden Blicke von Laura und Max sieht, fährt er fort: „Tugenden sind Charaktereigenschaften, und zwar *hoher muet, staete, mâze, minne und triuwe.*" Wieder verstehen die Geschwister nicht, worum es geht. „Versteht ihr etwa kein Mittelhochdeutsch?", fragt Richard. Die beiden Zeitreisenden schütteln die Köpfe. „**Hoher muet** bedeutet *Begeisterung, gute Laune und Gelassenheit im Kampf*. **Staete** ist die *Zuverlässigkeit* und **mâze** die *Bescheidenheit*." „Das heißt, dass Ritter nicht angeben sollen, oder?", fragt Laura nach. Richard nickt. „**Minne** ist die *reine Liebe*. Ein Ritter tut alles für seine Angebetete und ist ihr zur *Treue* verpflichtet. Das nennt man **triuwe**. Treu sein muss ein Ritter ebenfalls seinem Dienstherrn, seinen Freunden und Mitkämpfern." „Das sind ganz schön viele Regeln!", findet Max. „Und wie wird ein Knappe zum Ritter?", will Laura wissen. „Muss man eine Prüfung machen?" „Mit etwa 21 Jahren wird ein Knappe zum Ritter", erzählt Richard. „Mit der Schwertleite, einer Zeremonie mit einer Morgenmesse, Geschenken (Waffen und Sporen) und einem anschließenden Fest, werden die Knappen zu Rittern erklärt. In der Nacht davor muss gebetet und gefastet werden. Ein besonderer Moment ist der „Ritterschlag". Dabei kniet der Knappe nieder, der Ritter berührt mit einem Schwert dessen Schulter und macht ihn damit zum Ritter."

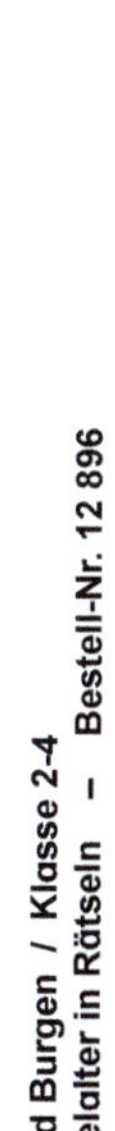

Rätsel Nummer 18

Trage die gesuchten Wörter ins Kreuzworträtsel ein.
Hinweis: Ä=AE, Ö=OE, Ü=UE

Zeile 1: Zuverlässigkeit
Zeile 2: Treue
Zeile 3: Beginn der Ausbildung zum Ritter als ____________ .
Zeile 4: Mit 14 Jahren wurden die Jungen ____________ .
Zeile 5: reine Liebe
Zeile 6: Begleiter der Ritter
Zeile 7: Spiel zum Trainieren von Geduld und Beherrschung
Zeile 8: Bescheidenheit
Zeile 9: Verhalten gegenüber Damen und Edelleuten (Adjektiv)
Zeile 10: Feier zur Ernennung zum Ritter

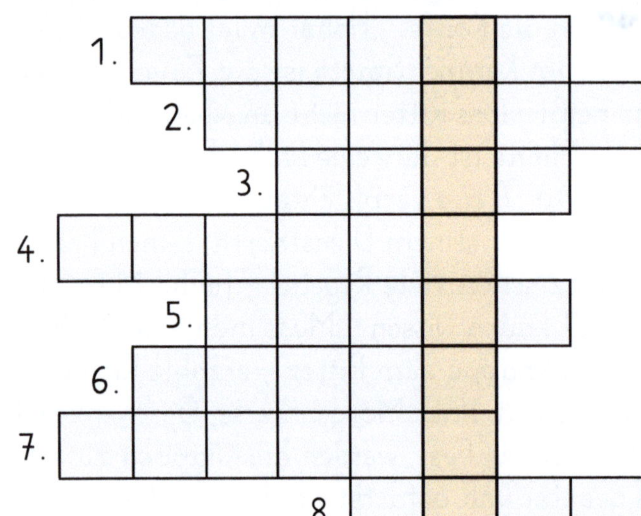

„Wann wirst du zum Knappen?", fragt Max Richard. „Das dauert noch fast zwei Jahre!" „Du bist also 12 Jahre alt", überlegt Laura laut. Richard nickt. „Hast du gar kein Heimweh?" Nun schüttelt Richard den Kopf. „Ich bin daran gewöhnt, meine Eltern nur sehr selten zu sehen, und ich bin stolz auf die Ausbildung zum Ritter." „Die Ausbildung zum Ritter ist aber gar nicht so einfach, finde ich", bemerkt Max. „Und später Ritter zu sein, erst recht nicht. Vor allem die Kämpfe finde ich gefährlich!" Richard nickt. „Da hast du nicht ganz unrecht. Wenn ihr wollt, könnt ihr euch gleich ein Ritterturnier anschauen. Kommt mit!"

KOHL VERLAG Ritter und Burgen / Klasse 2-4 Das Mittelalter in Rätseln – Bestell-Nr. 12 896

15 Die Ritterrüstung

Laura und Max wollen unbedingt beim Ritterturnier dabeisein. Bevor es losgehen kann, schauen sie zu, wie ein Knappe dem Ritter beim Anziehen seiner Rüstung hilft. Das dauert ganz schön lange. Zuerst hilft der Knappe beim Anziehen des **Leibrocks**, einem Hemd, das bis zu den Knien reicht. Daran werden Teile der Rüstung befestigt. Über dem Leibrock wird das **Kettenhemd** getragen. Der Ritter steigt in die **Beinröhren**. Nun sind Ober- und Unterschenkel vollständig mit Eisenplatten bedeckt. Vor allem der Kniebereich ist stark verstärkt und wird **Kniebuckel** genannt. Der **Diechling**, der zum Schutz der Oberschenkel dient, wird mit **Ledergurten** befestigt. Nun werden der **Harnisch** (Brustpanzer) und die **Rückenplatte** angelegt und der Ritter schiebt seine Arme nacheinander in die **Oberarmröhren**. Ein **Ellenbogenschutz** und die **Schulterstücke** schützen die Ellbogen bzw. den Schulterbereich zusätzlich und die **Schwebescheiben** und der **Bauchreif** verstärken die Schulter und die Achselhöhlen bzw. den Bauchbereich. Über dem Bauchreif wird der **Gürtel** getragen. Zum Schluss streift der Knappe dem Ritter die **Panzerhandschuhe** über und es werden die **Panzerschuhe** und **Sporen** angelegt. Dann wird der **Helm** aufgesetzt. Dieser schützt durch das herunterklappbare **Visier** und den **Helmbart** den Kopf und den Hals des Ritters. Nun fehlen nur noch das **Schwert** und ein **Schild**.

Rätsel Nummer 19

Finde die Teile der Ritterrüstung im Gitterrätsel wieder.

A	U	L	E	G	G	I	M	E	S	S	I	B	O	M	M	U	L
S	P	O	R	E	N	U	R	G	H	C	O	A	L	B	O	K	E
P	A	N	Z	E	R	S	C	H	U	H	I	U	W	A	T	S	D
I	N	N	E	S	T	K	U	M	H	W	E	C	H	V	A	B	E
N	Z	O	B	S	K	T	H	D	I	E	C	H	L	I	N	G	R
K	E	T	T	E	N	H	E	M	D	B	O	R	R	S	A	C	G
E	R	P	I	B	I	L	L	E	M	E	K	E	B	I	O	R	U
P	H	E	L	M	E	Z	M	I	D	S	C	I	E	E	F	U	R
T	A	L	O	I	B	O	B	D	S	C	H	F	I	R	D	S	T
A	N	L	M	L	U	L	A	C	K	H	A	R	N	I	S	C	H
I	D	E	C	D	C	A	R	R	I	E	N	G	R	U	M	D	E
L	S	N	K	O	K	M	T	J	E	I	P	R	O	S	S	E	T
L	C	B	U	D	E	M	C	K	I	B	A	L	E	B	C	E	N
E	H	O	R	I	L	U	N	G	O	E	B	L	H	U	H	F	A
N	U	G	F	S	C	H	U	U	P	P	E	M	R	U	I	A	H
G	H	E	I	W	A	P	P	E	N	N	I	M	E	S	L	A	I
U	E	N	O	A	M	M	B	R	P	I	G	A	F	F	D	M	N
R	H	S	C	H	W	E	R	T	U	B	O	R	G	A	L	D	G
T	O	C	H	F	U	R	G	E	S	I	R	O	D	D	I	N	U
U	D	H	U	S	C	H	U	L	T	E	R	S	T	U	E	C	K
F	D	U	N	I	N	D	E	P	L	U	N	G	E	N	F	E	L
F	B	T	M	M	T	V	L	E	I	B	R	O	C	K	S	C	H
O	R	Z	R	U	E	C	K	E	N	P	L	A	T	T	E	D	E

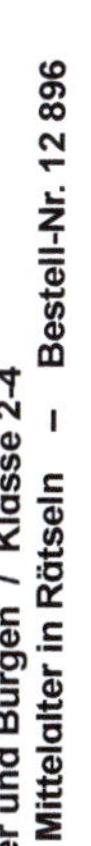

Ritter und Burgen / Klasse 2-4
Das Mittelalter in Rätseln – Bestell-Nr. 12 896

16 Das Ritterturnier

Richard führt Laura und Max zwischen vielen kleinen Zelten hindurch auf eine Zuschauertribüne. Neugierig schauen sich die Geschwister um. Es herrscht Volksfeststimmung. Händler bieten Essen, Getränke und andere Waren zum Verkauf an. Musikanten sind aus verschiedenen Richtungen zu hören und Puppenspieler und Gaukler vertreiben den Gästen die Zeit vor dem Turnier und während der Pause. Endlich ertönt die Busine (eine lange Trompete) und das Turnier beginnt. „Das Turnier besteht aus drei Formen", erklärt Richard. „Es gibt den **Buhurt**, die **Turnei** und den **Tjost**". Laura sieht Richard fragend an. „Buhurt und Turnei sind Mannschaftskämpfe. Beim Buhurt wird meistens ohne Rüstungen mit stumpfen Waffen gekämpft. Da bei der Turnei scharfe Waffen benutzt werden, ist sie gefährlicher." Nun kommen mehrere Ritter auf Pferden unter Jubelrufen direkt an der Tribüne vorbeigeritten. „Jeder Ritter hat sein eigenes Wappen. Mit Hilfe der Wappen erkennt man Ritter auch in ihrer Rüstung", erläutert Max seiner Schwester. Laura und Max klatschen. Danach stellen sich zwei Ritter an den Enden der Rennbahn auf. „Wir sehen gleich einen Zweikampf, Tjost genannt", sagt Richard. Kurz darauf stürmen die beiden Ritter auf ihren Pferden aufeinander zu.

„Das sieht ganz schön gefährlich aus!", murmelt Laura. Richard nickt. „Es gibt manchmal Verletzte oder sogar Tote. Deshalb ist es schon vorgekommen, dass Turniere verboten wurden." Jedes Mal, wenn die Lanzen aufeinander krachen, zuckt Laura zusammen. Plötzlich fällt ein Ritter vom Pferd. Er scheint sich nicht verletzt zu haben und steht sofort wieder auf. Sein Gegner ist vom Pferd gestiegen. Denn nun geht der Zweikampf ohne Pferde weiter. „Wieso veranstaltet ihr zum Spaß so gefährliche Kämpfe?", fragt Laura. Richard grinst. „Die Ritterturniere sind zur Übung gedacht. Außerdem geht es um die Ehre. Die Ritter wollen allen ihre Stärke, Geschicklichkeit und Tapferkeit zeigen. Schau!" Die Siegerehrung hat begonnen. Der stolze Gewinner wird gefeiert. Feierlich bekommt er das Pferd und die Rüstung des Verlierers und einen Siegeskranz überreicht. Laura und Max klatschen.
Nach dem Turnier verlassen Laura und Max mit Richard die Tribüne. „Wie oft finden solche Turniere statt?", fragt Max. Richard überlegt. „Kommt drauf an!", sagt er schließlich. „Denn Turniere finden nur zu Friedenszeiten statt."

Ritter und Burgen / Klasse 2-4
Das Mittelalter in Rätseln – Bestell-Nr. 12 896
KOHL VERLAG

Rätsel Nummer 20

Löse die Geheimschrift. Du erhältst 3 Begriffe, die im Text vorkommen.

A	B	C	D	E	F	G	H	I	J	K	L	M	N	O	P	Q	R	S	T	U	V	W	X	Y	Z
1	2	3	4	5	6	7	8	9	10	11	12	13	14	15	16	17	18	19	20	21	22	23	24	25	26

20	10	15	19	20

20	21	18	14	5	9

2	21	8	21	18	20

Laura fragt sich schon die ganze Zeit, ob es auch weibliche Pagen, Knappen oder Ritter gab. Als sie Richard diese Frage stellt, schüttelt dieser den Kopf. „Es gibt aber manchmal Mädchen, die sich verkleiden, um sich bei den männlichen Rittern einzuschleichen." „Hast du etwa noch nichts von Jeanne d'Arc gehört?", mischt sich Max ein. „Sie war eine französische Bauerntochter, die das französische Heer gegen England in den Krieg führte. Später wurde sie verhaftet und getötet." „Es gibt also doch Ritterinnen", murmelt Laura zufrieden.

Ritter und Burgen / Klasse 2-4 – Bestell-Nr. 12 896
Das Mittelalter in Rätseln
KOHL VERLAG

17 Angriff!

Max und Laura sind mittlerweile schon seit mehreren Wochen bei Richard auf der Burg. Allerdings nicht ganz freiwillig. Wie aus heiterem Himmel wurde die Burg plötzlich belagert. Die Feinde drängen seitdem darauf, dass die Burgbewohner sich ergeben. Langsam werden die Vorräte auf der Burg für alle knapp. Denn seit der Belagerung sind alle Wege zur Außenwelt abgeschnitten. Laura weint. „Was ist, wenn wir hier verhungern?" Richard redet beruhigend auf sie ein. Auf der Burg ist es ungemütlich, kalt, dunkel und feucht. Es gibt keine Heizung und keine Glasscheiben in den Fenstern, meistens nur Holzklappen. Auch Max hat deshalb etwas Heimweh nach seinem warmen, gemütlichen Zuhause. „Schaut doch mal!", ruft er plötzlich aufgeregt. Anscheinend wollen die Feinde nicht noch länger warten und bereiten sich auf den Angriff vor. Sie haben die Burg umzingelt, auf allen Seiten Katapulte aufgestellt und sich mit Steinschleudern, Rammböcken und Belagerungstürmen ausgerüstet.

„Kommt schnell mit!", ruft Richard seinen neuen Freunden zu. „Wir können helfen, indem wir für jeden Ritter seine Rüstung und seine Waffen bereitlegen." Sofort folgen Laura und Max ihrem Freund durch die Burg. Alle Burgbewohner sind alarmiert und laufen aufgeregt herum.

In der Waffenkammer ist es sehr dunkel. „Hier links müssten vier verschiedene Schwerter stehen und dort drüben vier Schilde. Jeder Schild und jedes Schwert sind jeweils mit einem Wappen gekennzeichnet", erklärt Richard. „Das heißt, wir müssen für jeden Ritter sein passendes Schwert und seinen passenden Schild im Dunkeln suchen?", überlegt Max. Richard nickt. „Ihr holt von dort drüben zu zweit einen Schild und ich suche ein Schwert. Wenn wir Schild und Schwert mit dem gleichen Wappen geholt haben, bringen wir dem Ritter sofort seine Ausrüstung."

17 Angriff!

Rätsel Nummer 21

Laura fragt sich, wie viele Möglichkeiten es überhaupt gibt, jeweils ein Schwert und einen Schild zu kombinieren. Bei wie vielen dieser Möglichkeiten haben Schwert und Schild das gleiche Wappen? Male alle Möglichkeiten in das aufgeschlagene Buch.

„Mit Hilfe der Wappen konnte man Ritter auch in ihrer Rüstung erkennen. Auch auf dem Schild und auf der Satteldecke des Pferdes war das Wappen abgebildet. Dabei handelte es sich um Familienwappen, Stadtwappen oder Landwappen."

KOHL VERLAG Ritter und Burgen / Klasse 2-4 Das Mittelalter in Rätseln – Bestell-Nr. 12 896

17 Angriff!

Rätsel Nummer 22

Wahr oder gelogen? Male alle richtigen Aussagen blau und alle falschen Aussagen rot an. Übertrage das Muster, das du erhältst, auf das Wappen.

Die Ritter waren mit Gewehren, Pistolen und Kanonen bewaffnet.
Es gab auch weibliche Ritter.
Vor einem Angriff wurde die Burg belagert, um die Burgbewohner auszuhungern.
Ihr Wappen zeigten die Ritter auf ihrer Mütze.
Burgen hatten meistens weder Heizungen noch verglaste Fenster.
Der Zweikampf bei Ritterturnieren wird Tjost genannt.
Um Ritter zu werden, wurden die Jungen zunächst zum Knappen und dann zum Pagen ausgebildet.

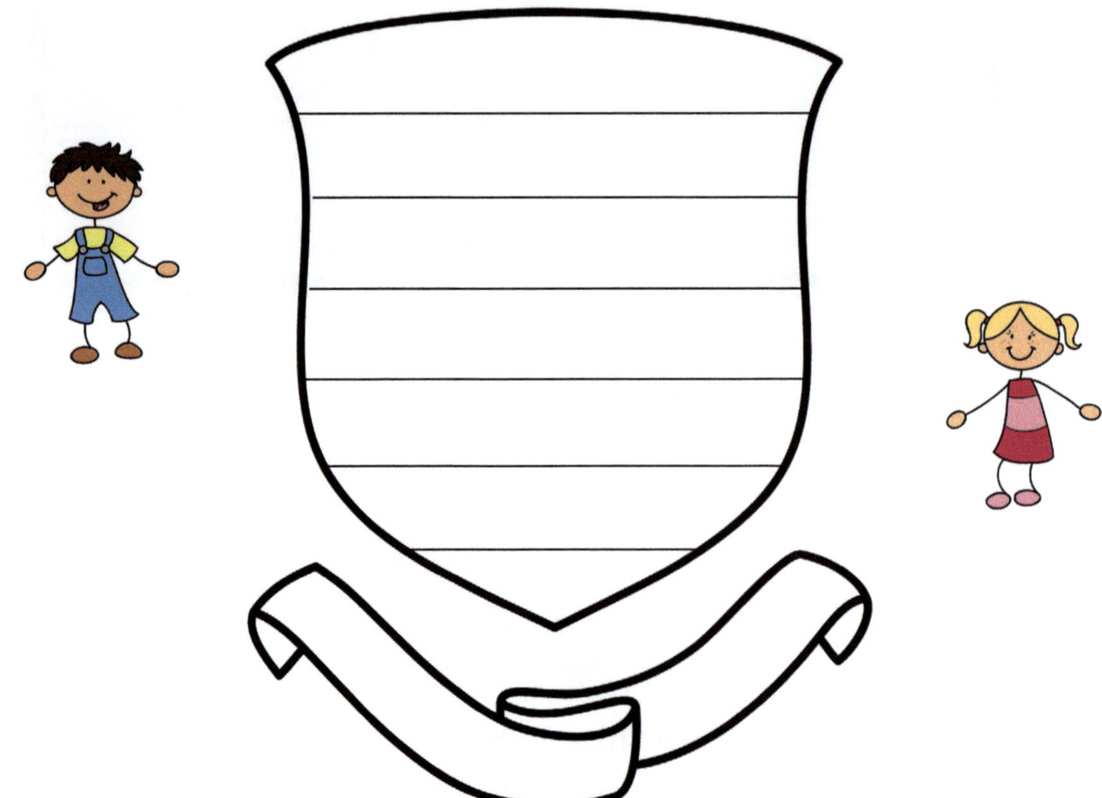

KOHL VERLAG Ritter und Burgen / Klasse 2-4 Das Mittelalter in Rätseln – Bestell-Nr. 12 896

18 Die Verteidigung der Burg

Auf den Burgmauern haben sich bereits Männer mit Pfeil und Bogen eingefunden, um die Burg zu verteidigen. Schon treffen feindliche Pfeile und Geschosse mit lautem Getöse auf die Burgmauer. „Keine Angst!", sagt Richard. „Die Angreifer wollen die Burg in einem möglichst guten Zustand erobern. Sie werden so wenig wie möglich zerstören." Das beruhigt Laura und Max wenig. Einige Angreifer versuchen das Burgtor mit dem Rammbock zu durchbrechen. Andere schütten den Burggraben mehr und mehr zu, um mit dem Belagerungsturm an die Mauern heranzukommen. Burgbewohner eilen mit Schwertern und Äxten für den Nahkampf ausgerüstet zur Burgmauer. Einigen Angreifern ist es bereits gelungen Leitern an der Burgmauer aufzustellen.

KOHL VERLAG

18 Die Verteidigung der Burg

Rätsel Nummer 23

Ein Angreifer klettert die Leiter schnell bis zur Mitte hinauf. Doch dann stolpert er und rutscht drei Sprossen wieder zurück. Sofort steigt er nun die noch fehlenden sieben Stufen hinauf. Wie viele Sprossen hat die Leiter? Male die Leiter auf ein Blatt auf.

Als der Angreifer das Ende der Leiter erreicht, wird er von einem Verteidiger hinuntergestoßen. Auch alle anderen Versuche zur Eroberung der Burg schlagen fehl. Nach stundenlangen Versuchen ziehen sich die Angreifer schließlich zurück. Laura und Max atmen erleichtert auf.

„Wieso kämpfen die Ritter eigentlich gegeneinander?", fragt Laura. Richard seufzt. „Manchmal geht es um ein Stück Land, das die Ritter für ihren Landherrn verteidigen. Doch meistens geht es um die Macht." „Oder um den Glauben und die verschiedenen Religionen", ergänzt Max. Seine kleine Schwester sieht ihn fragend an. „Während des Mittelalters hatte nicht nur das Christentum eine große Bedeutung, sondern auch der Islam breitete sich stark aus. Bei sogenannten Kreuzzügen versuchten Ritter eroberte Gebiete zurückzugewinnen und vor allem Jerusalem zu erobern. Muslime und Juden sollten vertrieben bzw. zum christlichen Glauben bekehrt werden." Laura sieht ihren Bruder ungläubig an. „Die Christen, Juden und Muslime sind gegeneinander in den Krieg gezogen, um sich gegenseitig ihre Religion aufzudrängen? Ich dachte immer, dass alle drei Religionen an einem friedlichen Zusammenleben interessiert sind und Kriege ablehnen."

Max zuckt traurig die Schultern. „Die Gebiete sollten von den Ungläubigen befreit werden", versucht er zu erklären. „Und leider geht der Kampf um Jerusalem zumindest zwischen den Juden und Muslimen immer noch weiter." Plötzlich sieht Laura ganz nachdenklich und traurig aus.

Ritter und Burgen / Klasse 2-4
Das Mittelalter in Rätseln – Bestell-Nr. 12 896
KOHL VERLAG

19 Zeitweiterreise

„Ich möchte gerne zurück nach Hause reisen!", wünscht sich Laura. Von Abenteuern hat sie erstmal genug. Max sieht das anders. „Aber wir können doch auf keinen Fall schon jetzt zurück in die Neuzeit. Wir haben doch die allertollste Burg noch gar nicht gesehen". Richard scheint zu wissen, wovon Max redet. „Das verstehe ich!", sagt er. „Der Weg dorthin ist weit und ihr müsst unterwegs mehrmals übernachten" „Kein Problem!", ruft Max. „Gibt es eine Jugendherberge oder ein Hotel auf dem Weg?" Richard guckt seine Freunde verblüfft an und schüttelt den Kopf. „Es gibt aber einige einfache Gasthäuser. Ihr könnt euch allerdings nicht darauf verlassen, dass ihr ein eigenes Bett bekommt!" Laura kann kaum glauben was sie hört. „Willst du etwa damit sagen, dass wir mit Fremden in einem Bett schlafen müssen?" Richard nickt und muss ein wenig grinsen. „Ihr Neuzeitlinge seid ganz schön verwöhnt!"
„Wie kommen wir denn zur Burg? Kannst du uns den Weg erklären?" Richard nickt. „Ihr müsst allerdings wissen, dass der Weg sehr beschwerlich und gefährlich ist. Vor allem in den dichten Wäldern ist das Vorwärtskommen schwierig. Oft ist es sumpfig und ihr müsst aufpassen, dass ihr euch nicht verirrt! Wegweiser gibt es nämlich nicht. Und nehmt euch in Acht vor den Räubern!" Laura sieht etwas besorgt aus. Aber Max nickt zuversichtlich. „Komm, wir laufen am besten sofort los!" Die beiden bedanken sich bei Richard und winken ihm noch lange zum Abschied zu.

KOHL VERLAG Ritter und Burgen / Klasse 2-4 Das Mittelalter in Rätseln – Bestell-Nr. 12 896

19 Zeitweiterreise

Rätsel Nummer 24

Finde den Weg zur Burg. Dieser führt immer wieder zuerst durch einen Wald, dann über einen Berg, danach über eine Brücke, wieder durch einen Wald usw.

START

Ritter und Burgen / Klasse 2-4
Das Mittelalter in Rätseln – Bestell-Nr. 12 896
KOHL VERLAG

19 Zeitweiterreise

Max und Laura sind schon seit Tagen unterwegs. „Wir sind schon an so vielen tollen Burgen vorbeigekommen. Wo ist denn nun die Festungsstadt von der Richard gesprochen hat?", fragt Laura. „Weit kann es nicht mehr sein", antwortet Max. „Und du hast recht. Wir haben schon viele tolle Burgen gesehen. Welche hat dir am besten gefallen?" Laura überlegt und versucht dann Max zu erklären, welche Burg sie meint.

Rätsel Nummer 25

Welche Burg ist gemeint?

- Die gesuchte Burg hat drei Türme.
- Die gesuchte Burg hat Wachtürme mit jeweils drei Zinnen.
- Die gesuchte Burg hat keine spitzen Türme.
- Die gesuchte Burg befindet sich über einer Burg mit zwei spitzen Türmen.
- Die gesuchte Burg befindet sich neben einer Burg mit zwei Wachtürmen.

„Ich weiß, welche Burg du meinst! Aber mir gefällt eine andere Burg besser!", sagt Max.

Welche Burg ist nun gemeint?

- Die Türme der gesuchten Burg sind nicht alle gleich hoch.
- Alle Türme der gesuchten Burg sind spitz.
- Die gesuchte Burg befindet sich über einer Burg mit nur einem Burgturm.

20 Reisen und Handel im Mittelalter

„Wir begegnen kaum anderen Reisenden. Waren die Menschen während des Mittelalters wohl so selten unterwegs?", möchte Laura wissen. „Natürlich weniger als zu unserer Zeit", meint Max. „Aber es wurden sogar damals schon Fernreisen unternommen. Der Italiener Marco Polo reiste über den Kaukasus, Persien und Usbekistan bis nach China. Er soll die Nudeln nach Europa gebracht haben." Laura sieht Max verwundert an. „Ich dachte, die Italiener haben die Nudeln selbst erfunden." Max grinst. „Wahrscheinlich hast du recht. Genaue Hinweise darauf gibt es nämlich nicht!" „Auf jeden Fall ist unser Ausflug von Deutschland nach Frankreich dagegen keine große Sache", meint Laura. Max nickt. „Im Mittelalter wurde vor allem gereist, um Handel zu betreiben. Kaufleute schlossen sich innerhalb der Städte zu Gilden zusammen, so wie die Handwerker zu Zünften. Um den Fernhandel sicherer und einfacher zu gestalten, war darüber hinaus eine Zusammenarbeit der Kaufleute sinnvoll. Der Fernhandel über die Nord- und Ostsee wurde durch einen Städtebund vereinfacht, die Hanse. Nun war Massenhandel möglich, der vor allem durch Handelsschiffe – Koggen genannt – erfolgte." Laura unterbricht ihren Bruder. „Werden deshalb einige Städte – wie zum Beispiel Bremen, Hamburg und Lübeck - noch heute Hansestädte genannt?" Max nickt. „Das sieht man manchmal auch an den Autokennzeichen. Rostock hat zum Beispiel das Kennzeichen HRO für Hansestadt Rostock." Laura hatte sich schon oft über die vielen Autokennzeichen mit H gewundert, die gar nicht für eine Stadt mit H stehen. Max erzählt weiter. „Es gab sogar weltweiten Handel. Pelze kamen aus Osteuropa, Seide aus China und Byzanz, Gewürze wie Pfeffer, Safran und Kardamom aus Indien oder Madagaskar, Wein aus Südeuropa, Holz, Fisch und Wolle aus Nordeuropa. Außerdem war Europa für den Salzexport bekannt." Laura ist überrascht, dass die Welt damals schon so gut vernetzt war, und kann sich kaum vorstellen, wie die Waren transportiert wurden. „Die Koggen wurden übrigens manchmal von Piraten überfallen", erklärt Max. Klaus Störtebecker trieb zum Beispiel auf der Nord- und Ostsee sein Unwesen. „Es gab im Mittelalter also echt Piraten!", ruft Laura erstaunt. Gedankenverloren läuft sie neben ihrem Bruder weiter. Das Leben damals war alles andere als einfach und sogar gefährlich. „Schau mal!", ruft sie auf einmal. „Dort ist doch jemand unterwegs!" Sie haben einen Fluss erreicht, auf dem ein Boot von einem Ochsengespann flussaufwärts (gegen die Strömung) gezogen wird. Direkt neben dem Fluss verläuft ein Trampelpfad, auf dem zwei Männer mit den Ochsen sehr langsam entlanglaufen. „Diesen Weg nennt man Treidelpfad", erklärt Max. „Es gab ja im Mittelalter noch keine Motoren."

KOHL VERLAG
Ritter und Burgen / Klasse 2-4
Das Mittelalter in Rätseln – Bestell-Nr. 12 896

21 Die Katharer

Max und Laura haben einen weiten Weg hinter sich und laufen gerade durch eine spärlich bewachsene Berglandschaft. „Wir müssten fast da sein," meint Max, als Laura auf einmal etwas Spannendes entdeckt. „Guck doch mal!" Sie hält ihrem Bruder das Fernglas hin. Max kann kaum glauben, was er sieht. „Ist das Ding kaputt oder sind das tatsächlich so viele Burgen?", fragt Max überrascht. Laura grinst. „Auch mit dem bloßen Auge kann sie erkennen um wie viele Burgen es sich handelt."

Rätsel Nummer 26

Setze die Zinnenreihe der Burgmauer fort. Wie viele Zinnen sind es insgesamt? Wenn du die Anzahl der Zinnen durch 2 teilst, erfährst du wie viele Burgen Laura und Max entdeckt haben.

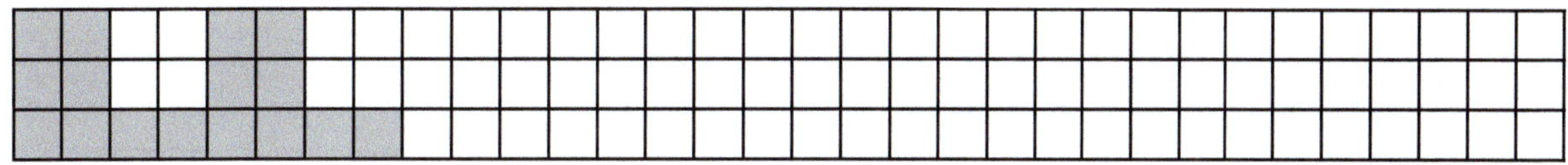

„Es sind wirklich ________ Burgen", bestätigt Laura.

„Ach klar!" Max scheint verstanden zu haben, was sie zufällig entdeckt haben. „Das müssten die *Chateaux de Lastours* sein. Erinnerst du dich, dass Onkel Michael nach seinem Südfrankreichurlaub so begeistert von Katharerburgen erzählt hat?" Jetzt fällt es auch Laura wieder ein. „Die Katharer waren doch Andersdenkende, die die Christen als Ketzer bezeichnet und deshalb verfolgt haben, oder?" Max nickt. „Die Katharer bezeichneten sich selbst als die Reinen und zweifelten an Gott aufgrund des Unglücks vieler Erdenbürger. Außerdem kritisierten sie die unangemessene Dekadenz des Papstes. Sie zogen sich oft auf Burgen zurück. Trotzdem wurden viele Katharer gefoltert, hingerichtet oder verbrannt." Laura seufzt. „Schon wieder ein Religionskrieg!"

„Aber die vier Burgen sind schon beeindruckend, oder?", meint Max. Damit hat ihr großer Bruder auf jeden Fall recht. „Komm, die Burgen schauen wir uns genauer an!" Nachdem die Geschwister den steilen Weg zu den Burgen hochgewandert sind, um sich den Rückzugsort der Katharer genauer anzuschauen, sind sie sich einig: Die große Festungsstadt kann nicht mehr weit weg sein und Laura und Max können es kaum erwarten dort anzukommen. „Wie heißt diese riesige Burg eigentlich?", fragt Laura.

KOHL VERLAG Ritter und Burgen / Klasse 2-4 – Bestell-Nr. 12 896
Das Mittelalter in Rätseln

21 Die Katharer

Rätsel Nummer 27

Wenn du die Buchstaben P, U und L weglässt, erhältst du den Namen der berühmten Burg.

PUCARLLCAUSUPPUSONULLNE

Lösungswort: ______________________

Endlich sehen sie in der Ferne die berühmte Festungsstadt. „Was meinst du? Richard hat nicht zu viel versprochen, oder?", meint Max beeindruckt. Sogar von Weitem sieht die Stadt fantastisch aus. „Wie aus einem Märchen!", stimmt Laura ihm zu. Hohe Mauern mit vielen spitzen Türmen umgeben eine große Stadt, die auf einem Hügel thront.

KOHL VERLAG
Ritter und Burgen / Klasse 2-4
Das Mittelalter in Rätseln – Bestell-Nr. 12 896

22 Carcassonne – die Festungsstadt

Bald haben sie eines der großen Eingangstore erreicht. Hinter der ersten Stadtmauer befindet sich eine zweite. Max grinst. „Doppelt hält besser! **Carcassonne** ist dadurch total gut vor Angreifern geschützt." Er hat mittlerweile viel über ihr Zeitreiseziel gelesen und kann seiner Schwester einiges erklären: „Carcassonne wurde schon im 1. Jahrhundert v. Chr. gegründet und wurde immer wieder von verschiedenen Völkern erobert, bewohnt und weitergebaut." Laura unterbricht ihren Bruder. „Heißt das, dass Burgen schon vor dem Mittelalter gebaut wurden?" Max nickt. „Die Römer haben bereits die Burg erfunden. An den Grenzen errichteten sie Wachtürme, die sie „burgus" nannten und die von Palisaden und einem Wassergraben umgeben waren. Carcassonnes Bedeutung und Größe entfaltete sich aber erst im Mittelalter. 3000 – 4000 Menschen lebten innerhalb der Festungsmauern. Anfang des 13. Jahrhunderts war Carcassonne ein Hauptstützpunkt der Katharer. Als die Festungsstadt belagert wurde, gruben die Katharer unterirdische Gänge, um in die nahegelegenen Wälder zu fliehen." Laura ist nicht nur von der Geschichte, sondern auch von der ganzen Stadt beeindruckt. Sie laufen auf mit Kopfstein gepflasterten Straßen und bewundern die vielen alten Gebäude. Mitten in der Stadt gibt es eine große Kathedrale und eine Burg. „Eine Burg in der Burg!", meint Max. „Wenn das nicht absolut sicher ist!" „Onkel Michael war während seines Südfrankreichurlaubs auch hier, oder?", überlegt Laura. „Stimmt!", antwortet Max. „Er hat erzählt, dass in der Stadt ein schreckliches Gewühl herrschte. 4 Millionen Touristen kommen jedes Jahr hierher. Kein Wunder, die Festungsanlage ist noch super erhalten. Aber mittelalterliches Flair kommt dann wohl nicht auf." Laura nickt. „Für uns nun aber schon! Hör mal!"
Nun hört auch Max die Musik. Neugierig folgen sie den Klängen durch die Altstadtgassen und erreichen schließlich einen **Troubadour**, der an einer Straßenecke singt und sich dabei auf der Harfe begleitet. Interessiert bleiben die Kinder stehen und hören zu. „Troubadoure trugen Gedichte und Geschichten vor und begleiteten sich dabei auf der Harfe oder der Laute. Ihren Minnesang (Liebeslyrik) präsentierten die Troubadoure hochgestellten, oft verheirateten Damen, die sie verehrten", flüstert Max Laura zu.

KOHL VERLAG Ritter und Burgen / Klasse 2-4 Das Mittelalter in Rätseln – Bestell-Nr. 12 896

Carcassonne – die Festungsstadt

Rätsel Nummer 28

Ziel der Troubadoure ist es, das Herz einer Dame zu erobern. Die Damen sind bereits in dem unteren Raster eingetragen. Trage die Troubadoure so ein, dass Folgendes gilt:

- Neben jeder Dame soll sich waagerecht oder senkrecht ein Troubadour befinden.
- In jeder Zeile und in jeder Spalte gibt es genauso viele Troubadoure, wie es die Zahl rechts bzw. unter dem Raster angibt.
- Die Pärchen (Dame – Troubadour) dürfen nicht direkt neben, über oder unter einem anderen Pärchen stehen.

							0
							3
							0
							2
							1
							2
1	1	1	2	0	2	1	

KOHL VERLAG Lernen mit Erfolg
Ritter und Burgen / Klasse 2-4 – Bestell-Nr. 12 896
Das Mittelalter in Rätseln

22 Carcassonne – die Festungsstadt

Löse das Sudoku, indem du die Buchstaben A, B, D und E (Achtung kein C!) so einträgst, dass jeder Buchstabe in jeder Zeile, jeder Spalte und in jedem großen Quadrat einmal vorkommt.

Wenn du die Buchstaben in den grau hinterlegten Feldern (von oben nach unten und von links nach rechts) unten in die Lösungstabelle einträgst, erfährst du, wie Troubadoure ebenfalls genannt werden.

D	E	A	
	B		E
		B	
B	A		D

Lösungswort:

		R		

Ritter und Burgen / Klasse 2-4 – Bestell-Nr. 12 896
Das Mittelalter in Rätseln
KOHL VERLAG

22 Carcassonne – die Festungsstadt

Lange haben Max und Laura dem Troubadour zugehört. Doch plötzlich ist Max abgelenkt. „Schau mal, was ist denn das?“, flüstert er seiner Schwester zu. Laura folgt seinem Blick und zuckt mit den Schultern.

Rätsel Nummer 30

Wen oder was haben Max und Laura entdeckt?
Löse das Bilderrätsel, indem du zu jedem Bild einen Buchstaben in die Tabelle unten einträgst.

Lösung:

Max und Laura sehen bei den Späßen zu und lauschen den lustigen Geschichten.

23 Das Ende der Ritterzeit

„Wieso gibt es eigentlich heute keine Ritter mehr", fragt sich Laura. Max weiß darauf sofort eine Antwort. „Die Ritter waren in Europa fast 1000 Jahre lang die gefährlichsten Kämpfer.

Erst als im 14. Jahrhundert Gewehre und Kanonen erfunden wurden, verloren sie an Bedeutung. Zunächst waren die neuen Waffen noch langsam und nicht treffsicher genug. Doch da diese mit der Zeit optimiert wurden und man deshalb im Krieg nicht mehr Mann gegen Mann kämpfte, wurden die Ritter zur Kriegsführung nicht mehr gebraucht. Außerdem boten die Rüstungen gegen die neuen Waffen nun nicht mehr ausreichend Schutz."

Laura nickt. „Irgendwie schade!", murmelt sie.

Max erklärt weiter: „Vielen Rittern wurde das Leben auf den Burgen zu teuer und zu ungemütlich und sie zogen in beheizbare Häuser in die Städte."

„Zum Glück gibt es viele mittelalterliche Burgen trotzdem noch!", meint Laura.

KOHL VERLAG Ritter und Burgen / Klasse 2-4 Das Mittelalter in Rätseln – Bestell-Nr. 12 896

24 Erfindungen im Mittelalter

„Nicht nur die Burgen! Weißt du eigentlich, dass viele nützliche Dinge im Mittelalter erfunden wurden, von denen wir heute noch profitieren?" Laura hat keine Ahnung, welche Erfindungen Max wohl meint.

Rätsel Nummer 31

Überlegt zu zweit, welche Erfindungen aus dem Mittelalter stammen könnten. Aus den Buchstaben hinter den Erfindungen aus dem Mittelalter lässt sich ein Lösungswort bilden.

1. Elektrisches Licht (I):

2. Schach (B): 

3. Buchdruck (U): 

4. Computer (P): 

5. Knopf (C): 

6. Auto (A): 

7. Münze (P):

8. mechanische Uhr (H):

9. Kompass (D): 

10. Flugzeug (O): 

11. Fernseher (M): 

12. Reißverschluss (N): 

13. Musiknoten (Notensystem mit 4 Linien) (R): 

14. Brille (U):

15. Wasserpumpe (A):

16. Kanone (C): 

17. Papiermühle (K): 

18. Telefon (S): 

Lösungswort: 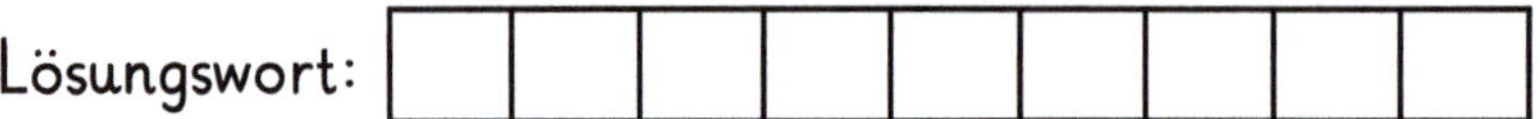

Ritter und Burgen / Klasse 2-4
Das Mittelalter in Rätseln – Bestell-Nr. 12 896
KOHL VERLAG

24 Erfindungen im Mittelalter

1450 erfand Johannes Gutenberg den Buchdruck, die wohl wichtigste Erfindung des Mittelalters. Als Druckvorlage wurden kleine Metallbuchstaben eingesetzt, die wiederverwendet werden konnten. In einer Presse wurden die Buchstaben auf Papier gestempelt. Dies ging viel rascher als das davor übliche mühsame Abschreiben. Bücher konnten somit viel schneller und unkomplizierter hergestellt werden. Deshalb gab es plötzlich viel mehr Bücher. Auch erste Flugblätter wurden gedruckt und verteilt. Der Vorläufer der Zeitung war entstanden. Wissen und Informationen konnten nun viel flinker und effektiver als zuvor verbreitet werden.

25 Martin Luther und die Kirchenreform

„Ist nicht auch die evangelische Kirche im Mittelalter entstanden?", fragt Laura auf einmal. Max nickt. „Im Jahre 1517, also ganz kurz nach Ende des Mittelalters, veröffentlichte der Mönch Martin Luther mehrere Kritikpunkte an der katholischen Kirche. Ihm missfiel vor allem, dass sich die Gläubigen die Vergebung ihrer Sünden erkaufen konnten. Dies nannte man Ablasshandel und brachte der katholischen Kirche viel Geld. Die Missstände, auf die Luther aufmerksam machen wollte, fasste er in 95 Thesen zusammen, die er vervielfältigte und verteilte und in Wittenberg an der Tür der Schlosskirche befestigte. Die katholische Kirche war wenig begeistert davon. Luther wurde verstoßen und verfolgt. Auf der Wartburg bei Eisenach brachte er sich in Sicherheit. Trotzdem entstand aufgrund der veröffentlichten Thesen die protestantische/evangelisch-lutherische Kirche, der sich Luthers Anhänger anschlossen." Laura unterbricht ihren großen Bruder. „Also gab es plötzlich neben der katholischen Kirche eine neue christliche Kirche!", stellt sie fest. „Genau! Eigentlich war es Luthers Ziel gewesen, die Kirche zu reformieren und nicht diese zu spalten."

Rätsel Nummer 32

Ordne die Sätze nach der richtigen Reihenfolge. Du erhältst ein Lösungswort.

1. Luther wurde von der Kirche verstoßen und verfolgt. **(O)**
2. Luther formulierte seine Kritik an der katholischen Kirche in Form von 95 Thesen. **(E)**
3. Die Thesen veröffentlichte er und schlug sie an die Tür der Schlosskirche von Wittenberg. **(F)**
4. Die katholische Kirche spaltete sich in die katholische und die evangelische Kirche auf. **(M)**
5. Martin Luther missfiel der Ablasshandel der katholischen Kirche. **(R)**
6. In der Wartburg bei Eisenach fand Luther Zuflucht. **(R)**

Lösungswort: ______________________

KOHL VERLAG
Ritter und Burgen / Klasse 2-4
Das Mittelalter in Rätseln – Bestell-Nr. 12 896

26 Christoph Kolumbus und Leonardo da Vinci

Laura ist etwas aufgefallen: „Gegen Ende des Mittelalters hat doch auch Christoph Kolumbus Amerika entdeckt, oder?" „Stimmt!", antwortet Max sofort. „Eigentlich war der Italiener Kolumbus auf der Suche nach einem Seeweg nach Indien. Dass er dabei ganz woanders angekommen ist, wusste er zunächst gar nicht." „Ich weiß!", sagt Laura. „Weil er angenommen hatte, dass er in Indien angekommen war, nannte er die Ureinwohner, denen er begegnete, Indianer." „Richtig! Die Entdeckung war aber noch bedeutender, als gedacht: Zunächst kannten die Europäer nur Europa, Afrika und Asien und nun kam ein weiterer Kontinent hinzu: Amerika. Von dort wurden neue Waren (z. B. die Kartoffel) nach Europa gebracht. Eine Weltwirtschaft begann sich zu entwickeln", erklärt Max.
„6 Jahre später wurde übrigens der richtige Seeweg nach Indien entdeckt. Der Portugiese Vasco da Gama umsegelte dazu die Südspitze Afrikas."
„Jemand, der gegen Ende des Mittelalters ebenfalls neue Ideen lieferte, war Leonardo da Vinci", fällt Max auf einmal ein. Laura guckt überrascht. „Das war doch ein italienischer Künstler, oder nicht? Er hat doch die Mona Lisa gemalt!" „Naja, er war Künstler (u. a. Bildhauer) und Wissenschaftler. Da Vinci wollte sich nicht allein auf die Inhalte der Bibel verlassen, sondern forschte, um mehr über Natur und Mensch zu erfahren. Er beobachtete dazu Naturphänomene wie Regen und Wolkenbildung oder Ebbe und Flut und schnitt Leichen auf, um den Aufbau des menschlichen Körpers besser zu verstehen."

Rätsel Nummer 33

Welche Aussage passt zu wem? Bei richtiger Zuordnung ergibt sich ein Muster.

Amerika

Forscher

Seefahrer

Mona Lisa

Christoph Kolumbus

Leonardo da Vinci

Aufschneiden von Leichen

Suche nach Indien

Entdecker

Bildhauer

vielseitige Interessen und Begabungen

Mitbringen der Kartoffel nach Europa

Ritter und Burgen / Klasse 2-4
Das Mittelalter in Rätseln – Bestell-Nr. 12 896
KOHL VERLAG

26 Christoph Kolumbus und Leonardo da Vinci

„Viele Entdeckungen und Erfindungen haben also das Mittelalter sehr verändert und schließlich sogar zum Beginn einer neuen Zeit geführt", stellt Laura fest. Einen Moment lang schweigen beide. „Wir haben echt viel gelernt und gesehen. Was meinst du? Wollen wir bald zurück in die Neuzeit?", fragt Max seine Schwester.
„Gerne!", antwortet Laura. „Aber ich würde gerne noch ein letztes Mal durch Carcassonne bummeln." Max ist einverstanden. „Nebenbei könnten wir ein Spiel machen", schlägt er vor. „Wir bilden so viele zusammengesetzte Mittelalternamen wie möglich!" Laura überlegt: „Du meinst, dass man zum Beispiel aus den Wörtern Zeit, Reise und Führer die zusammengesetzten Namenwörter Zeitreise und Reiseführer bilden kann, oder?" Max nickt. „Ein gutes Beispiel! Wir könnten übrigens mit unserem Wissen über das Mittelalter nun einen Zeitreiseführer schreiben!" „Oh ja, das sollten wir tatsächlich nach unserer Rückkehr tun!", findet auch Laura.

Rätsel Nummer 34

Drei Namenwörter ergeben gemeinsam jeweils zwei zusammengesetzte Namenwörter. Beispielsweise kann man aus *Kinder, Buch* und *Druck* die Wörter *Kinderbuch* und *Buchdruck* bilden.

Welche Wörter aus dem Kasten gehören zusammen und welche zusammengesetzten Namenwörter kann man damit bilden?

Hof / Zug / Markt / Fräulein / Pest / Platz / Beulen / Brücken / Ritter / Volk / Mittelalter / Mauer / Tote / Wache / Pfeiler / Narren / Burg / Stadt

Drei zusammengehörende Wörter	Zwei daraus zusammengesetzte Namenwörter

KOHL VERLAG Lernen mit Erfolg
Ritter und Burgen / Klasse 2-4
Das Mittelalter in Rätseln – Bestell-Nr. 12 896

27 Mittelalterliche Städte in Deutschland

„Wenn ich die schönen mittelalterlichen Gassen sehe, will ich gar nicht zurück in die Neuzeit", schwärmt Laura. Max guckt sie ungläubig an. „Es gibt doch viele mittelalterliche Städte in Deutschland, die noch gut erhalten sind. Auch in der Neuzeit können wir noch durch viele mittelalterliche Stadtkerne schlendern. Viele Namen deutscher Städte deuten übrigens schon darauf hin, dass sie im Mittelalter gegründet wurden. Städte entstanden oft in der Nähe einer Burg. Deshalb enden die Namen vieler deutscher Städte auf *-burg*. Wenn für den Städtebau Wälder gerodet werden mussten, enden die Städtenamen immer noch auf *-rode*, *-ried* oder *-reuth*."

Rothenburg ob der Tauber

Schnoorviertel in Bremen

Fachwerkhäuser in Nürnberg

Rätsel Nummer 35

Welche Städtenamen weisen auf eine Gründung im Mittelalter hin? Wenn du die Städte mit den passenden Endungen findest, erhältst du ein Lösungswort.

Rothenburg (S) – Ludwigshafen (O) – Wernigerode (T) – Ravensburg (A) – Kunreuth (D) – Walsrode (T) – Bechtsried (M) – Neuhaus am Rennweg (B) – Karlsruhe (I) – Würzburg (A) – Glückstadt (F) – Bayreuth (U) – Neu-Ulm (O) – Marburg (E) – Quedlinburg (R) – Bremerhaven (K) – Osterode (N)

Lösungswort: ______________________

KOHL VERLAG Ritter und Burgen / Klasse 2-4 Das Mittelalter in Rätseln – Bestell-Nr. 12 896

27 Mittelalterliche Städte in Deutschland

Außerdem sind enge Gassen und Fachwerkhäuser typisch für mittelalterliche Städte. Oftmals werden in deutschen Städten mit einem mittelalterlichen Stadtkern Nachtwächterführungen angeboten.

„Wenn viele mittelalterliche Stadtkerne noch gut erhalten sind, bedeutet das eigentlich, dass wir auch in der Neuzeit noch viel vom Mittelalter sehen können", überlegt Laura zufrieden und zählt auf: „Kathedralen, Burgen, Fachwerkhäuser und enge Gassen, die immer noch Gerbergasse oder Böttchergasse heißen." Max stimmt Laura zu. „Es war toll, das Mittelalter so zu erleben, wie es damals wirklich war. Aber ich hätte nun auch Lust in die Neuzeit zurückzukehren, um zu sehen, was heute noch alles erhalten ist. Das Tolle daran ist, dass wir dann keine Angst mehr vorm Henker oder vor der Pest haben müssen und dass es nicht mehr so stinkt." Laura grinst. „Also, worauf warten wir noch!"

Kurz darauf rattert und dampft die Zeitreisemaschine und nach kurzer Zeit befinden sich Laura und Max wieder in der Neuzeit. Der Dachboden sieht noch genauso aus wie vorher und Mamas Stimme hat sich auch nicht verändert: „Kommt ihr bitte zum Essen?" Als Max und Laura die steile Treppe hinunterklettern und in die Küche kommen, sitzt Papa schon am Tisch und verteilt das Essen. Es gibt Nudeln. „Es ist doch toll wieder hier zu sein, oder?", flüstert Laura Max zu. „Oh ja!", flüstert Max zurück. „Aber unser Ausflug war trotzdem alles andere als nur mittelmäßig!"

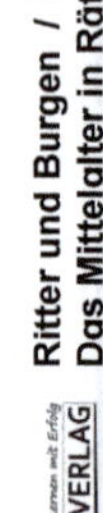

Ritter und Burgen / Klasse 2-4
Das Mittelalter in Rätseln – Bestell-Nr. 12 896

Lösungen

1 Mittelmäßig?

Rätsel Nummer 1:

2 Hygiene und Krankheiten

Rätsel Nummer 2: Wenn du die richtigen Sätze findest, erfährst du wie die Pest auch genannt wurde.

	richtig	falsch
Fäkalien wurden auf die Straße gekippt.	S	A
Die Beulenpest brach zunächst in Afrika aus.	R	C
Schiffsratten brachten die Pest nach Europa.	H	M
Mücken übertrugen das Bakterium.	A	W
Ein Viertel der Bevölkerung starb an der Pest.	N	A
Die Pestepidemie dauerte 10 Jahre.	D	R
Jedes zehnte Baby starb vor seinem ersten Geburtstag.	U	Z
Die Lebenserwartung lag bei 30 bis 40 Jahren.	E	N
Frauen starben noch früher als Männer.	R	E

Lösungswort: **Schwarzer** Tod

3 Kathedralen und der christliche Glaube

Rätsel Nummer 3:

Wanne	1 -> N, 2 -> O	Nonne
Poster	1 -> KL	Kloster
permanent	4 -> G, 6 ->M	Pergament
Molch	2 -> Ö, 3 -> N	Mönch
Stipendium	2 -> KR, 5 -> TO, 6 -> R, 7 weg	Skriptorium
Kammersaal	3 -> T, 4 -> H, 6 - > DR, 7 weg, 8 weg, E am Ende	Kathedrale
allein	1 weg, 3 ->AT	Latein

4 Handwerker im Mittelalter

Rätsel Nummer 4: Lösungswort: **Zuenftige Handwerker**

KOHL VERLAG Ritter und Burgen / Klasse 2-4 Das Mittelalter in Rätseln – Bestell-Nr. 12 896

Lösungen

5 Hinrichtungen und Foltermethoden im Mittelalter

Rätsel Nummer 5: Lösungswort: **Folter**

Rätsel Nummer 6: Lösungswort: **Rädern**

6 Stände – die mittelalterliche Gesellschaft

Rätsel Nummer 7:

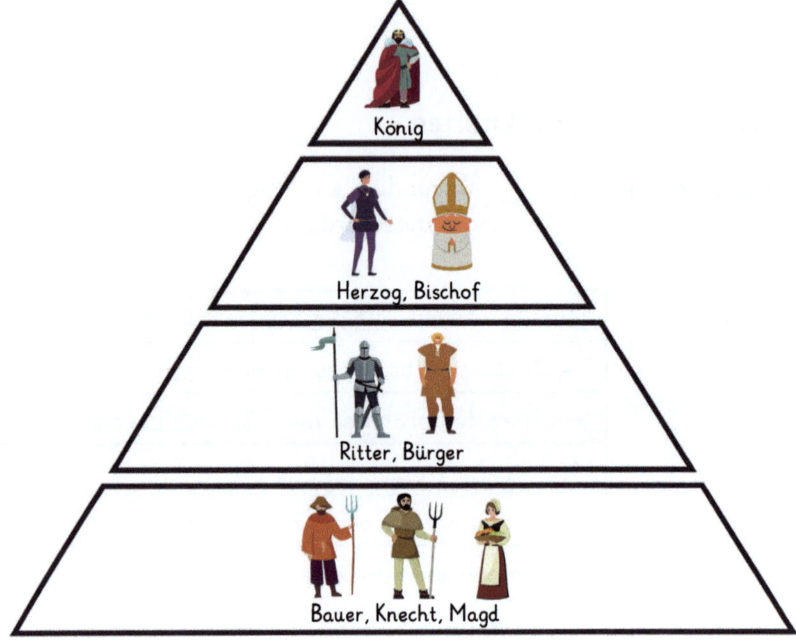

5 Bevölkerungsgruppen mussten in eine andere Gesellschaftsschicht wechseln.
Als Mittelalter werden **die Jahre 500 bis 1500 n. Chr.** bezeichnet.

7 Eine Entdeckung

Rätsel Nummer 8:

	7	7	4	3	3	3	3	4	7	7
2 2										
2 2										
2 2 2										
10										
10										
4 4										
3 3										

Laura und Max haben eine **Burg** entdeckt.

Lösungen

8 Mittelalterliche Städte bei Nacht

Rätsel Nummer 9:

9 Der Weg zur Burg

Rätsel Nummer 10: Name der Burg: **Eltz**

Rätsel Nummer 11:

Lösung: **10 Fehler**

10 In einer mittelalterlichen Burg

Rätsel Nummer 12: Lösung: **Eine Burg** bleibt übrig.

Rätsel Nummer 13:

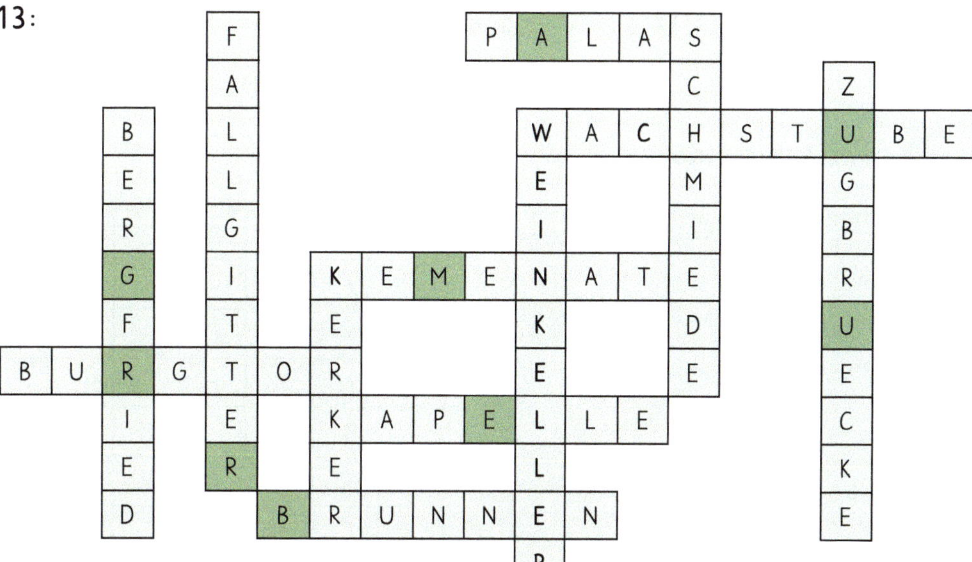

Lösungswort: **Burgmauer**

Lösungen

11 Drachen, Hexen und Teufel

Rätsel Nummer 14: Lösungswort: **Sonnenfinsternis**

12 „Guten Appetit!" – Speisen bei den Rittern

Rätsel Nummer 15: **MAIS**MEHKA**SCHOKOLADE**CK**UNUDELN**OFI**TOMATEN**SAFI
IIEG**REIS**N**SPARGEL**LAM**KARTOFFELN**APFUM**PAPRIKA**SSI

13 Redensarten aus dem Mittelalter

Rätsel Nummer 16:

Redensart (Fragen)	Bedeutung im Mittelalter (Antworten)
„etwas unter den Tisch fallen lassen"	„eine nicht schmeckende Speise einfach fallen lassen" (P)
„jemanden im Visier haben"	„jemanden durch die Schlitze des Helms kampfbereit ansehen" (E)
„Geh dahin wo der Pfeffer wächst!"	„weit weg gehen" (C)
„gut gerüstet sein"	„durch eine Rüstung gut geschützt sein" (H)
„in den Sand setzen"	„vom Pferd in den Sand fallen" (N)
„die Flinte ins Korn werfen"	„im Kampf die Waffe abwerfen" (A)
„an den Pranger stellen"	„öffentliches zur Schau stellen von Verbrechern" (S)
„sich aus dem Staub machen"	„sich aus dem im Kampf aufgewirbelten Staub entfernen" (E)

Rätsel Nummer 17: Lösungswort: **Holzweg**

14 Rittertugenden

Rätsel Nummer 18:

1.			S	T	A	E	**T**	E				
2.				T	R	I	**U**	W	E			
3.					P	A	**G**	E				
4.		K	N	A	P	P	**E**					
5.				M	I	N	**N**	E				
6.			P	F	E	R	**D**					
7.		S	C	H	A	C	**H**					
8.						M	**A**	Z	E			
9.				H	O	E	**F**	L	I	C	H	
10.	S	C	H	W	E	R	**T**	L	E	I	T	E

KOHL VERLAG
Ritter und Burgen / Klasse 2-4
Das Mittelalter in Rätseln – Bestell-Nr. 12 896

Lösungen

15 Die Ritterrüstung

Rätsel Nummer 19:

										S		B					L
S	P	O	R	E	N					C		A					E
P	A	N	Z	E	R	S	C	H	U	H		U					D
	N									W		C		V			E
	Z				K		H	D	I	E	C	H	L	I	N	G	R
K	E	T	T	E	N	H	E	M	D	B		R		S			G
	R				I		L			E		E	B	I			U
	H	E	L	M	E		M			S		I	E	E			R
T	A	L			B		B			C		F	I	R			T
A	N	L			U		A			H	A	R	N	I	S	C	H
I	D	E			C		R			E			R				
L	S	N			K		T			I			O		S		
L	C	B			E					B			E		C		
E	H	O			L			G		E			H		H		
N	U	G						U					R		I		
G	H	E		W	A	P	P	E	N				E		L		
U	E	N						R							D		
R		S	C	H	W	E	R	T									
T		C						E									
		H		S	C	H	U	L	T	E	R	S	T	U	E	C	K
		U															
		T					L	E	I	B	R	O	C	K			
		Z	R	U	E	C	K	E	N	P	L	A	T	T	E		

16 Das Ritterturnier

Rätsel Nummer 20: Lösungswörter: **Tjost**, **Turnei** und **Buhurt**

17 Angriff!

Rätsel Nummer 21: Es gibt insgesamt 16 verschiedene Möglichkeiten jeweils ein Schild mit einem Schwert zu kombinieren. Bei vier dieser Möglichkeiten haben Schwert und Schild das gleiche Wappen/die gleiche Farbe.

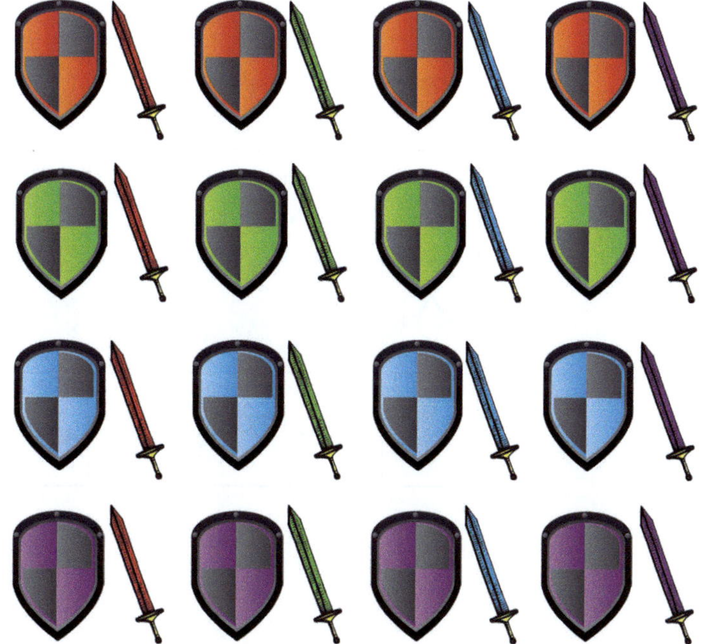

KOHL VERLAG Lernen mit Erfolg
Ritter und Burgen / Klasse 2-4
Das Mittelalter in Rätseln – Bestell-Nr. 12 896

Lösungen

17 Rätsel Nummer 22:

Aussage	Farbe
Die Ritter waren mit Gewehren, Pistolen und Kanonen bewaffnet.	rot
Es gab auch weibliche Ritter.	blau
Vor einem Angriff wurde die Burg belagert, um die Burgbewohner auszuhungern.	blau
Ihr Wappen zeigten die Ritter auf ihrer Mütze.	rot
Burgen hatten meistens weder Heizungen noch verglaste Fenster.	blau
Der Zweikampf bei Ritterturnieren wird Tjost genannt.	blau
Um Ritter zu werden, wurden die Jungen zunächst zum Knappen und dann zum Pagen ausgebildet.	rot

18 Die Verteidigung der Burg

Rätsel Nummer 23:

Die Leiter hat 9 Sprossen.
Von der Mitte aus bewegt sich der Angreifer folgendermaßen:
– 3 Sprossen, dann + 7 Sprossen.
– 3 + 7 = 4.
Von der Mitte aus braucht der Angreifer 4 Sprossen bis zum Ende der Leiter. Unterhalb der Mitte befinden sich ebenfalls 4 Sprossen.

19 Zeitweiterreise

Rätsel Nummer 24:

START

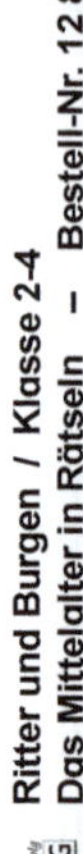

Lösungen

19

Rätsel Nummer 25: Es handelt sich um die 1. Burg in der 2. Reihe.
Es handelt sich um die letzte Burg in der 1. Reihe.

21 Die Katharer

Rätsel Nummer 26:

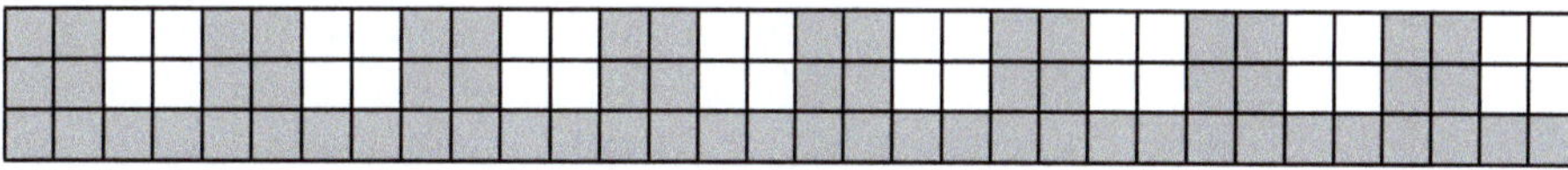

Lösung: Es sind 8 Zinnen und somit 4 Burgen, denn 8 : 2 = 4.

Rätsel Nummer 27: Lösungswort: **Carcassonne**

22 Carcassonne – die Festungsstadt

Rätsel Nummer 28:

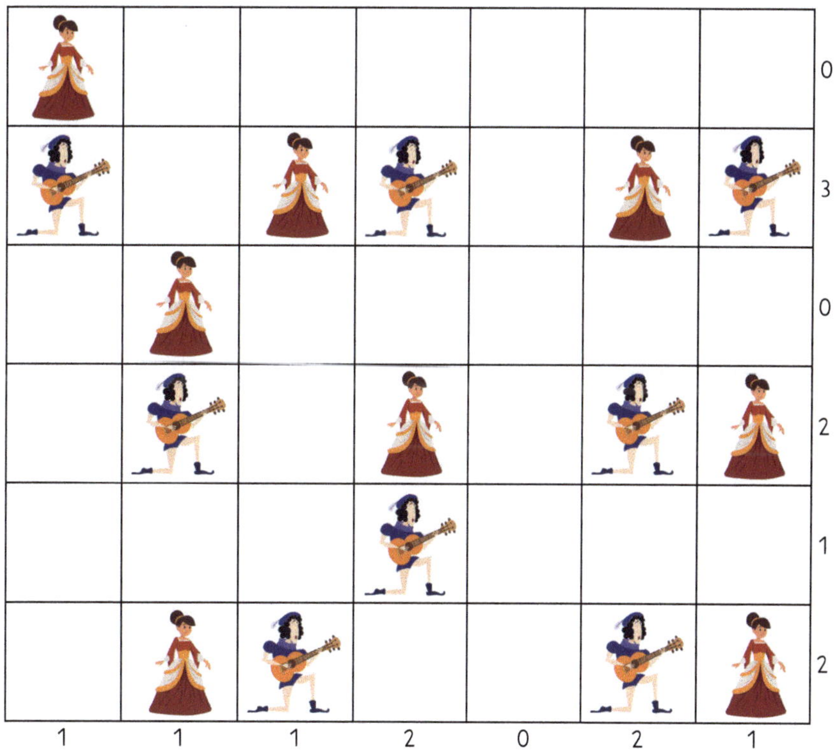

Rätsel Nummer 29:

D	E	A	B
A	B	D	E
E	D	B	A
B	A	E	D

Lösungswort: **BARDE**

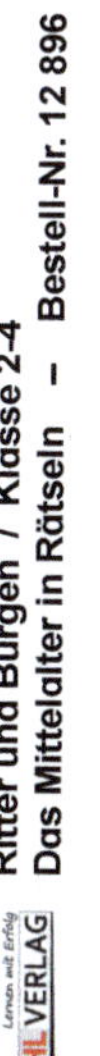

Lösungen

22 Rätsel Nummer 30: Lösungswort: **Hofnarr**

24 Erfindungen im Mittelalter

Rätsel Nummer 31: Lösungswort: **Buchdruck**
Münzen und Wasserpumpen gab es schon vor dem Mittelalter. Telefon, Fernsehen, Computer, Flugzeuge, Autos, Reißverschluss und elektrisches Licht wurden erst später erfunden.

25 Martin Luther und die Kirchenreform

Rätsel Nummer 32:

5. Martin Luther missfiel der Ablasshandel der katholischen Kirche. (R)
2. Luther formulierte seine Kritik an der katholischen Kirche in Form von 95 Thesen. (E)
3. Die Thesen veröffentlichte er und schlug sie an die Tür der Schlosskirche von Wittenberg. (F)
1. Luther wurde von der Kirche verstoßen und verfolgt. (O)
6. In der Wartburg bei Eisenach fand Luther Zuflucht. (R)
4. Die katholische Kirche spaltete sich in die katholische und die evangelische Kirche auf. (M)

Lösungswort: **Reform**

26 Christoph Kolumbus und Leonardo da Vinci

Rätsel Nummer 33:

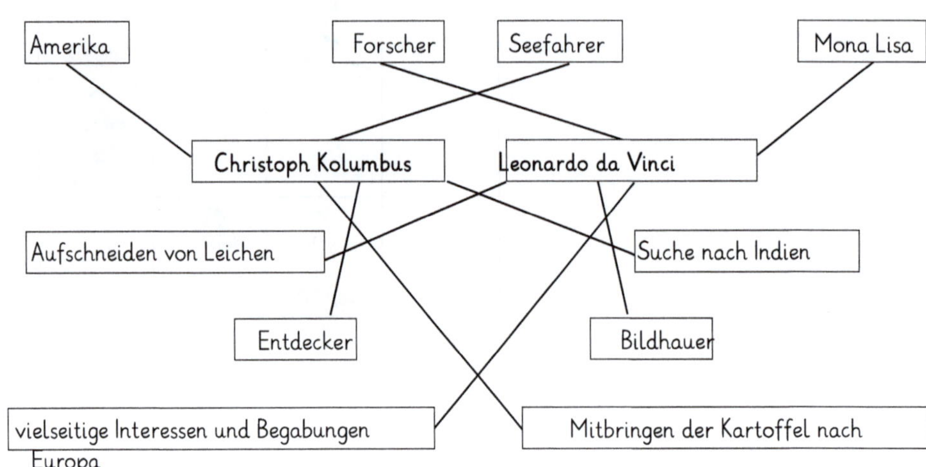

Christoph Kolumbus	Leonardo da Vinci
- Amerika - Seefahrer - Suche nach Indien - Entdecker - Mitbringen der Kartoffel nach Europa	- Forscher - Mona Lisa - Aufschneiden von Leichen - Bildhauer - vielseitige Interessen und Begabungen

KOHL VERLAG Ritter und Burgen / Klasse 2-4 Das Mittelalter in Rätseln – Bestell-Nr. 12 896

Lösungen

26 Rätsel Nummer 34:

Drei zusammengehörende Wörter	Zwei daraus zusammengesetzte Namenwörter
Mittelalter – Markt – Platz	Mittelaltermarkt, Marktplatz
Beulen – Pest – Tote	Beulenpest, Pesttote
Ritter – Burg – Fräulein	Ritterburg, Burgfräulein
Stadt – Mauer – Wache	Stadtmauer, Mauerwache
Zug – Brücken – Pfeiler	Zugbrücke, Brückenpfeiler
Hof – Narren – Volk	Hofnarren, Narrenvolk

27 Mittelalterliche Städte in Deutschland

Rätsel Nummer 35: Lösungswort: **Stadtmauern**

KOHL VERLAG Ritter und Burgen / Klasse 2-4 Das Mittelalter in Rätseln – Bestell-Nr. 12 896

Bildquellen

Bildquellen © AdobeStock.com:

S. 6 – 58 oben: beguima

S. 3: Marina Zlochin;
S. 4: Julien Tromeur;
S. 5: Christine Wulf, beguima;
S. 6: Christine Wulf;
S. 7: Christiane Wulf, webstocker, FARBAI, tassel78, Lexi Claus, GraphicsRF, martialred;
S. 8: Christiane Wulf, macrovector;
S. 9: Christiane Wulf, macrovector;
S. 10: Christiane Wulf, Jemastock;
S. 11: bsd studio (bearb.), Good Studio;
S. 12: bsd studio, Good Studio;
S. 13: Christiane Wulf, Alexander Pokusay (2x), Happypictures, GraphicsRF (2x), nezezon, d1sk;
S. 14: Christine Wulf;
S. 15: macrovector, Dennis Cox;
S. 16: PCH.Vector (bearb.);
S. 17: Christine Wulf, PCH.Vector, Віталій Баріда, alex_cardo, Malchev, artbesouro (bearb.), MicroOne (bearb.);
S. 18: Christine Wulf, PCH.Vector, Віталій Баріда, alex_cardo, Malchev, artbesouro (bearb.), MicroOne (bearb.);
S. 19: Christine Wulf;
S. 20: Christine Wulf, Algol, Юрий Парменов, Fiedels (bearb.);
S. 21: klesign, Stockbym;
S. 22: Christine Wulf, singmuang, Oleksandra;
S. 23: Christine Wulf;
S. 24: VectorMine (bearb.), Svitlana (Ausschnitt), alex_cardo (bearb.), Happypictures;
S. 25: Christine Wulf;
S. 26: agrino (bearb.), Cartoon images, Lenan (bearb.);
S. 27: Christine Wulf, brgfx (bearb.);
S. 28: Sergii Syzonenko, vectorpocket, sudowoodo (bearb.)
S. 29: Pascal Cointe;
S. 30: Christine Wulf;
S. 31: Mark Stay (bearb.), PCH.Vector;
S. 32: Christine Wulf, armation74;
S. 33: cirodelia (bearb.), Brad Pict (bearb.);
S. 34: Good Studio (bearb.) 2x;
S. 35: Christine Wulf, cirodelia;
S. 36: Christine Wulf, anibal, vertyr;
S. 37: BNP Design Studio, petrroudny, Zdenk, Egor Shilov (bearb.) 4x;
S. 38: Christine Wulf, Giraphics;
S. 39: Christine Wulf, antiqueimages, BNP Design Studio;
S. 40: Christine Wulf, 2dmolier (bearb.);
S. 41: Christine Wulf, Malchev;
S. 42: martialred, lar01joka, Lexi Claus (bearb.), Djoyotrue, GraphicsRF;
S. 43: Christine Wulf, beguima;
S. 44: scusi;
S. 45: Philippe Bosseboeuf;
S. 46: Christine Wulf, panosud360;
S. 47: ThomasLENNE;
S. 48: Oleksandr Rozhkov, vivali;
S. 49: Oleksandr Rozhkov, vivali;
S. 50: Christine Wulf, alex_cardo, Ivan Tsurkan, bsd studio, scusi, Elenarts ;
S. 51: Christine Wulf, Julien Tromeur;;
S. 52: SolaruS, reenya (bearb.), Erica Guilane-Nachez, martialred, fox17 (bearb.), Gstudio, backup16, FARBAI, warmworld, Christos Georghiou (bearb.), Christian Horz, Cienpies Design, Victor, agrus, wektorygrafika, chuprakov_yuri, nsit0108, ylivdesign (bearb.);
S. 53: Christine Wulf, caifas;
S. 54: Christine Wulf, Victoria (bearb.);
S. 55: Alexander Pokusay;
S. 56: Christine Wulf;
S. 57: Mapics (2x), xbrchx;
S. 58: Christine Wulf, Marina Zlochin;
S. 60: PCH.Vector, Віталій Баріда, alex_cardo, Malchev, artbesouro (bearb.), MicroOne (bearb.);
S. 61: Algol, Юрий Парменов, Fiedels (bearb.), singmuang;
S. 63: Edgor Shilov (bearb.), petrroudny;
S. 64: owattaphotos (bearb.), lar01joka (bearb.), Lexi Claus (bearb.), GraphicsRF, Djoyotrue (bearb.);
S. 65: Oleksandr Rozhkov, vivali;
S. 67: Zdenk